Impressum:

SYNERGON Verlag GbR

Neckarstraße 193

D-70190 Stuttgart

Tel. 0711/2 85 09 26

Fax 0711/2 85 09 25

Konzeption: Frank Busch, Claudia Lechner, Dr. Rolf Versen

Fotografie: Frank Busch

Text: Dr. Rolf Versen

Gestaltung: Bäuerle & Partner

Produktion: Claudia Lechner

Druck: Grafisches Zentrum Drucktechnik GmbH

Lithografie: Schwabenrepro GmbH, Stuttgart

Printed in Germany

Ausgabe 1998

http://www.mille-miglia.com

ISBN 3-9805994-0-X

Mille Miglia

per veri buongustai!

1000 Meilen für Genießer!

Inhaltsübersicht

LOMBARDIA
BRESCIA
14 18
19
20
32
24
VERONA
26
VENETO
CREMONA
38
OSTIGLIA
REGGIO-
EMILIA
187
FERRARA
48, 50
182
180
188
168
MODENA
170, 176
EMILIA-
BOLOGNA
ROMAGNA
RAVENNA
56
54
158
VAGLIA
FIRENZE
152
67, 68, 72, 74
62
SAN MARINO
TOSCANA
URBINO
80
146
SIENA
139, 140
150
98
86, 91
GUBBIO
92
MARCHE
PIENZA
132
134
102
104
109
PERUGIA
ASSISI
UMBRIA
110
COLLEPINO
VITERBO
128
RIETI
116
115
LATIUM
N
0
50
ROMA

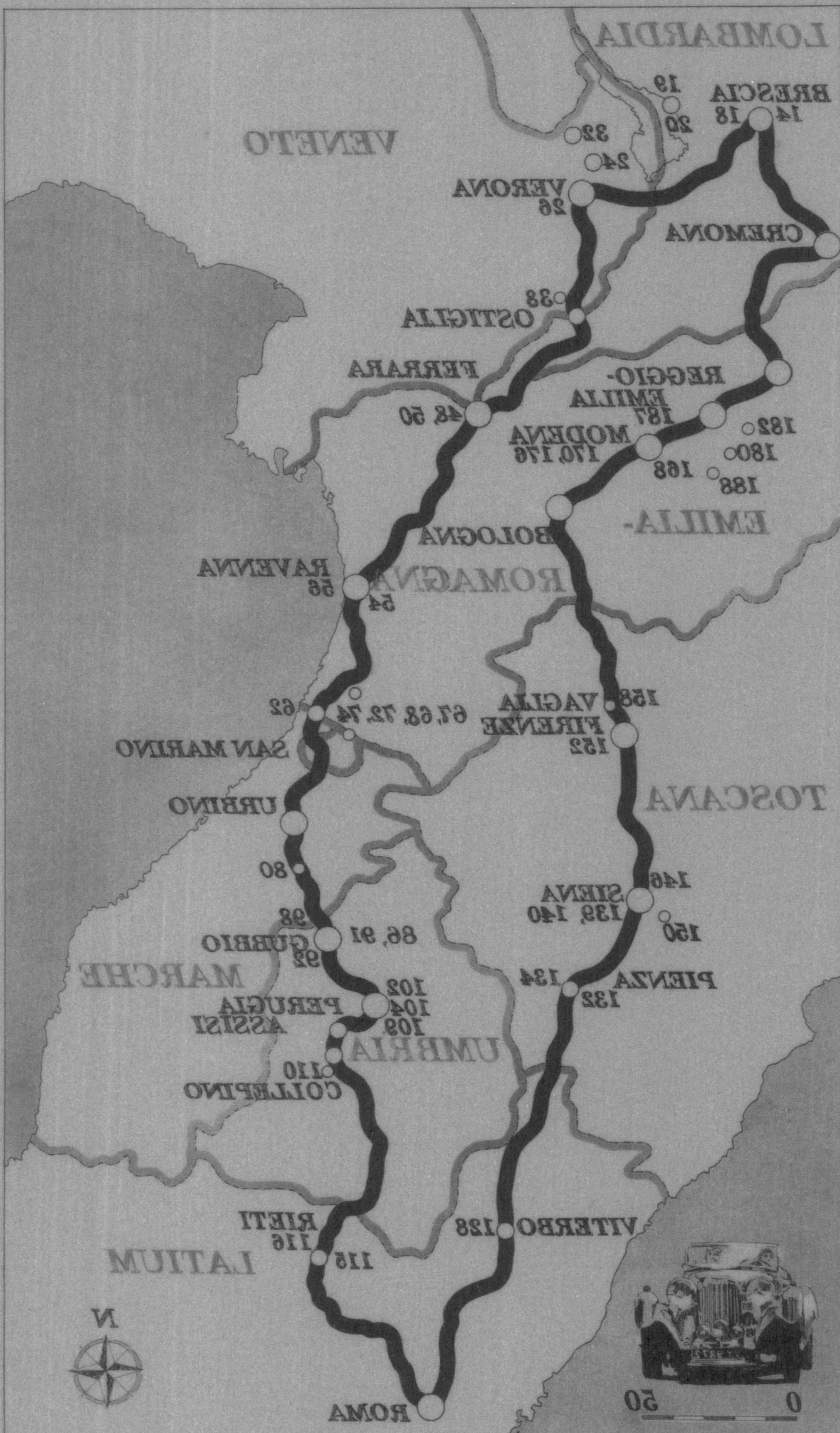
LOMBARDIA
VENETO
BRESCIA
14 18
19
20
32
24
VERONA
26
CREMONA
38
OSTIGLIA
FERRARA
48, 50
REGGIO-
EMILIA
187
MODENA
170, 176
182
180
168
188
EMILIA-
BOLOGNA
RAVENNA
56
54
ROMAGNA
VAGLIA
158
FIRENZE
152
62
67, 68, 72, 74
SAN MARINO
TOSCANA
URBINO
80
SIENA
146
139, 140
150
98
GUBBIO
92
86, 91
MARCHE
PIENZA
134
132
102
104
109
PERUGIA
ASSISI
UMBRIA
110
COLLEPINO
RIETI
116
115
VITERBO
128
LATIUM
N
ROMA
0
50

1000
MIGLIA

Honni soit qui mal y pense...
oder Epikur läßt grüßen!

Jedes Jahr im Wonnemonat Mai kommen aus aller Welt eine Menge Menschen, manche mögen sagen Verrückte, nach Brescia in der Lombardei, mit einem gemeinsamen Ziel: so um die 340 alte Automobile so schnell es geht und ohne Rücksicht auf Mann und Material von Brescia nach Rom und wieder zurück zu fahren. Es ist ein Fest für Augen und Ohren, und auch die Nase kommt nicht zu kurz, liegt doch der Duft verbrannten Rennöles in der Luft.

Ganz sicher zu kurz kommen jedoch Zunge und Gaumen, zumindest für die Teilnehmer und ihren Troß, bleibt ihnen doch keine Zeit, die Spezialitäten und Köstlichkeiten der „Mutter aller Küchen“, der italienischen, zu kosten.

So haben wir uns entschlossen, dieses Buch zu schreiben, das die Mille Miglia, das schönste Straßenrennen der Welt, mit den Landschaften und den Küchen, durch die sie uns führt, verbindet. Wollen Sie alles in natura ausprobieren, brauchen Sie 14 Tage für die Strecke statt der 10 Stunden, 47 Minuten und 48 Sekunden von Stirling Moss im Jahre 1955 mit dem Mercedes 300 SLR.

Aber man kann ja wiederkommen oder selektiv picken oder einfach zu Hause die Favorites unserer Favoriten nachkochen - in memoriam oder als Vorgeschmack zu einer kleinen Reise.

Von der einfachen, aber herzlichen Trattoria bis zum Luxusrestaurant reicht das Repertoire, vom Plüschhotel bis zum Albergo. Alle zeichnet eines aus: diese Häuser sind etwas Besonderes, haben ihren eigenen Reiz, fallen aus der Norm. Jedes Restaurant bringt ein bis zwei Rezepte. Typisch für die Gegend und für das Haus.

Ein Fest der Sinne für Genießer!

Doch bevor es richtig losgeht,
ein kleiner Exkurs zur Historie der Mille Miglia.

Schon 1899, am 11. September, findet das erste Straßenrennen in Brescia statt. Es geht über Cremona und Mantua nach Verona und dann zurück nach Brescia. 233 km auf den Schotterwegen des letzten Jahrhunderts. Von motorisierten Fahrrädern bis zu großen Automobilen ist alles vertreten, was stinkt und knattert.

Der Sieger braucht 4 Stunden, 41 Minuten und 19 Sekunden. Auf den dritten Platz kommt ein 18 Jahre alter Kunststudent aus Mailand - Ettore Bugatti, später Gründer eines der berühmtesten Automobilwerke der Welt. Wenige Jahre später gewinnt Vicenzo Lancia das nunmehr 370 km lange Rennen mit 115,7 km/h Durchschnitt. 1905 gibt es eine Kombination von Motorrad-, Auto- und Kanurennen, das auf dem Gardasee stattfindet. Jetzt sind es schon 501 km.

Und wo wir schon bei berühmten Namen sind, Fiatgründer Giovanni Agnelli und der Kriegsheld und Dichter Gabriele D'Annunzio sind unter den Protagonisten dieses Rennens. D'Annunzio, ein glühender Verehrer des weiblichen Geschlechtes, setzt durch, daß das Automobil grundsätzlich als weiblich bezeichnet wird.

Nach einer längeren, unter anderem kriegsbedingten Pause beginnt die eigentliche Geschichte des schönsten Rennens der Welt am 26. März 1927. Der unvergessene Rudolf Caracciola schreibt in diesem Jahr: „Wie ist es nur möglich in dieser schwierigen Zeit, wo doch alles gegen Autorennen spricht, ein solches Rennen erfolgreich zu organisieren und durchzuführen?!" Die Antwort liegt im italienischen Volk und den Menschen von Brescia im besonderen. Tausende von Zuschauern säumen die Straßen, und in jedem anderen Land wäre die Logistik zur Durchführung ein Ding der Unmöglicheit.

Die Teilnehmerlisten der folgenden Jahre lesen sich wie ein Querschnitt der Renn- und Automobilgeschichte. Namen wie Nuvolari, Varzi, Campari, von Hanstein, Villoresi und Moss auf Marken von Alfa bis Veritas finden sich ein. Wegen der vielen möglichen Klassen sehen wir auch Kleinwagen, wie den Topolino, und selbst BMW's Isetta, die berühmte Knutschkugel, nimmt einmal teil - eine harte Geduldsprüfung für Roß und Reiter. 1940 findet die letzte Mille statt, bevor in Europa die Lichter ausgehen. Ein verkürzter Kurs von Brescia über Cremona und Mantua muß neunmal umrundet werden. Von Hanstein gewinnt das Rennen, und auf die Frage, was denn das Zeichen SS auf seiner Lederjacke bedeute, antwortete er: „Super-Sport, natürlich!" Erst nach sieben Jahren findet die nächste M.M. statt, und es dauert bis 1955, um den dritten Ausländer in der Geschichte der Mille auf dem Siegertreppchen zu sehen. 1931 gewann Caracciola auf Mercedes, 1940 von Hanstein auf BMW, und jetzt, 1955, ist es Stirling Moss auf dem Mercedes 300 SLR. Er gewinnt mit dem höchsten jemals erzielten Durchschnitt von 157,55 km/h - 1600 km in 10 Stunden, 47 Minuten und 48 Sekunden. Dann, 1957, das tragische Ende der Mille Miglia. De Portago verliert ein Rad seines Ferrari bei einer schnellen Ortsdurchfahrt, der Wagen schleudert in die Menge und reißt etliche Zuschauer mit in den Tod. Zu gefährlich, nicht mehr zeitgemäß und ähnlich lauten die Kommentare, und das schönste Straßenrennen der Welt ist für immer vorbei.

STIRLING MOSS
Nuvolari
Conte LURANI
La principessa
Ferdinanda
Colonna
VENETO
GARDONE Hotel + Ristorante Fiordaliso
BRÉSCIA
Ristorante
La Piazzetta
Hotel Vittoria
SANPERETTO
Trattoria Antica Corte Al Molino
PEDEMONTE
Hotel Villa del Quar
N
VERONA
Ristorante Il Desco
ISOLA DELLA SCALA
Ristorante Gabbia d'Oro
LOMBARDIA
OSTIGLIA
FERRARA
Hotel Duchessa Isabella
Ristorante Il Fantastico Giovedi
EMILIA-ROMAGNA
RAVENNA
Bistro Ca'De Ven
TREBBIANO
DI ROMAGNA
0
50

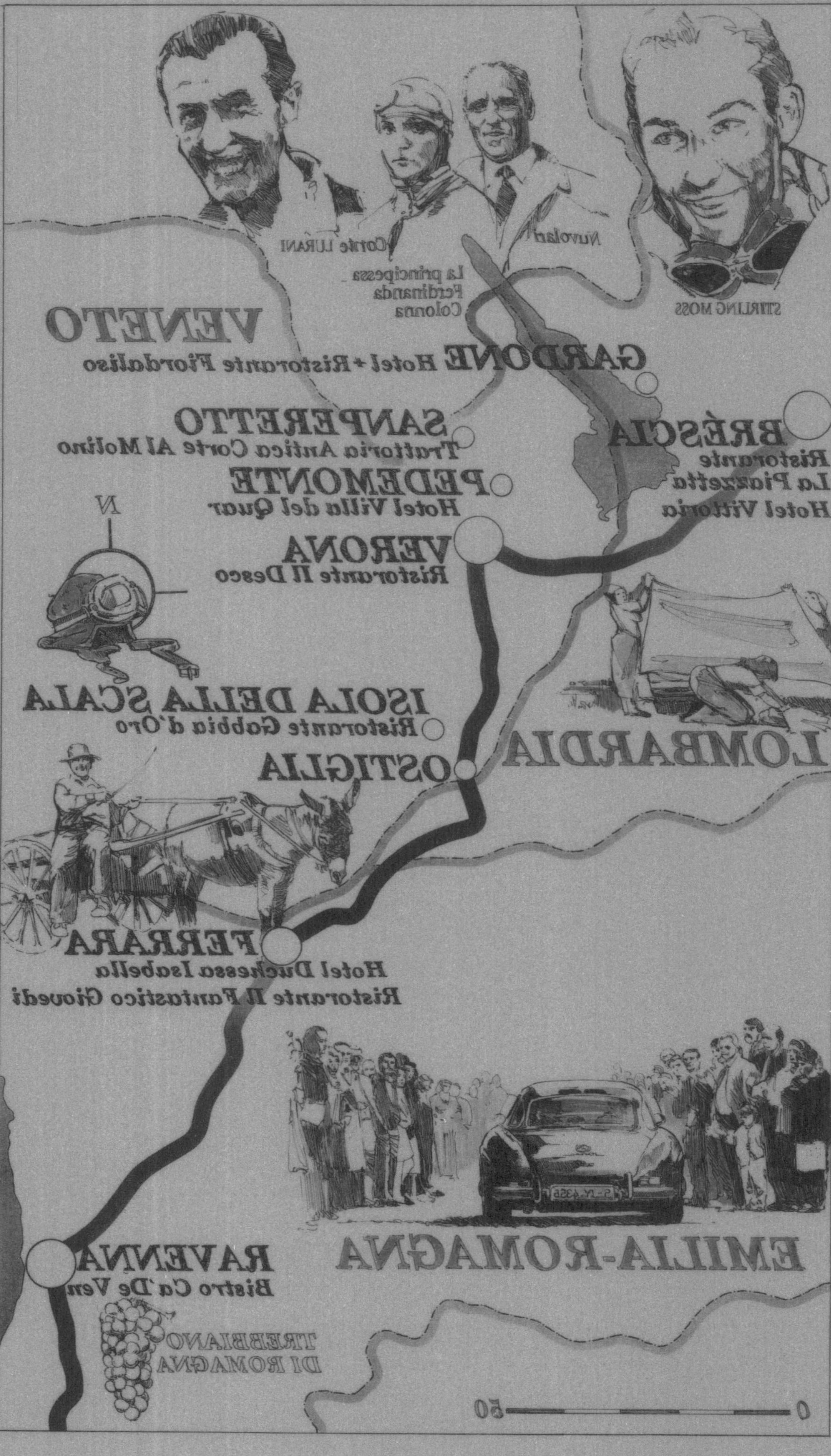
Conte LURANI
La principessa Ferdinanda Colonna
Nuvolari
STIRLING MOSS
VENETO
GARDONE Hotel + Ristorante Fiordaliso
BRÉSCIA
Ristorante La Piazzetta
Hotel Vittoria
SANPERETTO
Trattoria Antica Corte Al Molino
PEDEMONTE
Hotel Villa del Quar
N
VERONA
Ristorante Il Desco
ISOLA DELLA SCALA
Ristorante Gabbia d'Oro
OSTIGLIA
LOMBARDIA
FERRARA
Hotel Duchessa Isabella
Ristorante Il Fantastico Giovedi
EMILIA-ROMAGNA
RAVENNA
Bistro Ca' De Ven
TREBBIANO DI ROMAGNA
0
50

Nicht für immer...

Brescia, der Ort, in dem die Mille beginnt, liegt in der Lombardei. Hier wird viel gearbeitet, es herrscht ganz allgemein die betriebsame und produktive Atmosphäre des nördlichen Italiens. Das Land ist weltgrößter Weinproduzent, und ein Großteil des Weines wird im Norden hergestellt.

Die erste Etappe der Mille führt von Brescia über Peschiera, Verona und Ostiglia nach Ferrara. Der älteste Wagen startet donnerstags um 20.15 Uhr, und dann geht es in 30-Sekunden-Abständen weiter, bis nach Mitternacht der letzte Wagen die berühmte hölzerne Startrampe in Brescia verlassen hat.

Im Mai regnet es häufig in dieser Region, und Sie können davon ausgehen, daß es mindestens einen Tag schüttet wie aus Kübeln. Meistens ist es auch noch recht kühl, so daß es sich für den Zuschauer empfiehlt, warme Kleidung mitzunehmen.

ALLUMINIO MANERBIO

La Piazzetta
Rione S. Eufemia

Während die wackeren Kämpen in ihren meist offenen Rennern sich durch die Nacht nach Ferrara kämpfen, biegen wir kurz hinter Brescia nach Rione S. Eufemia ab, um bei Graziano Cominelli zu speisen. Sein Restaurant La Piazzetta liegt am kleinen Dorfplatz. Hier hat schon Garibaldi geschlemmt und genächtigt. Es empfängt Sie Falstaff persönlich oder sein trefflicher Adjutant Corrado, der als Maître d' auftritt, wenn der Chef kochen muß. Im Entree liegt eine kleine Bar, falls man vergessen hat zu reservieren und bei einem Apero warten muß - und das Warten lohnt sich. Das kleine Restaurant hat nur 12 Tische, man wird aufmerksam verwöhnt in einer eleganten, aber unprätentiösen Atmosphäre. Exzellente Küche mit lokalen Spezialitäten und umfangreicher Weinkarte mit wirklich zivilen Preisen. Die Rezepte auf der nächsten Seite sind von Graziano Cominelli. Eines der köstlichsten Oktopusgerichte, in kleiner Portion als Vorspeise oder in großer Portion als Hauptgang zu reichen. Seit wir dieses Gericht nachgekocht haben, gibt es Kartoffelpüree nur noch mit Olivenöl.

Doradefilet in Zucchinihülle

Ristorante

La Piazzetta

25100 Rione S. Eufemia - Brescia

Tel. 00 39 0 30 36 26 68

Fax 00 39 0 30 36 26 68

Preise: 30 bis 50 DM

Öffnungszeiten: samstagmittags und sonntags geschlossen.

Parken: vor dem Haus.

Gedünsteter Oktopus

in sfoglia di zucchine profumato
Scaloppa di Orata *al rosmarino*

Zutaten für 4 Personen	Doradenfilet in Zucchinihülle mit Rosmarinduft

Zutaten für 4 Personen

2 Doraden 400/500 g
4 Zucchini mittlerer Größe
60 ml kaltgepreßtes Olivenöl
3 Prisen sehr fein gehackter Rosmarin
4 dl trockener Weißwein
Chili, Salz

Doradenfilet in Zucchinihülle mit Rosmarinduft

Die beiden Fische filetieren und enthäuten, danach die 4 Filets auf beiden Seiten mit wenig Salz und Chili einreiben und auf ein mit Olivenöl gefettetes Backblech legen. Mit den in dünne, gleichmäßig runde Scheiben geschnittenen Zucchini schuppenartig zudecken. Etwas Salz, Rosmarin und Chili draufstreuen. Ein paar Tropfen Olivenöl und den Weißwein dazugeben. Das Backblech in den auf 200° C vorgeheizten Backofen schieben, und den Fisch maximal 9-10 Minuten garen.

Auf einem Servierteller anrichten, mit dem eigenen Sud übergießen und servieren.

con olio di Lucca e passata di patate
Polipo al vapore

Zutaten für 4 Personen

1 großer Oktopus (Polyp) 500 g
80 ml Olivenöl aus der Toscana
3 feste Fleischtomaten
1/2 Zitrone
20 g Schnittlauch
20 ml Weinessig

für das Kartoffelpüree

500 g gekochte Kartoffeln
90 ml Olivenöl aus der Toscana
100 ml Vollmilch
70 ml Fischbrühe
Salz und Chili

Gedünsteter Oktopus mit Olivenöl aus Lucca und Kartoffelpüree

Den Oktopus in einem großen Kochtopf mit 4 bis 6 Litern Wasser und dem Weinessig zum Kochen bringen.

35 Minuten kochen, abtropfen lassen und, ohne ihn zu häuten, in Scheiben schneiden. Die Scheiben in eine große Schüssel geben und mit gewürfelten Tomaten, Schnittlauch, Olivenöl und dem Saft einer halben Zitrone gut vermengen. Auf dem inzwischen fertiggestellten Kartoffelpüree anrichten und servieren.

Kartoffeln durch ein Sieb streichen. Die Masse auf dem Feuer mit warmer Milch, Olivenöl, Fischbrühe, Salz und Chili cremig rühren.

Scaloppa di Orata
in sfoglia di zucchine profumato al rosmarino

Zutaten für 4 Personen

- 2 Doraden 400/500 g
- 4 Zucchini mittlerer Größe
- 60 ml kaltgepreßtes Olivenöl
- 3 Prisen sehr fein gehackter Rosmarin
- 4 dl trockener Weißwein
- Chili, Salz

Doradenfilet in Zucchinihülle mit Rosmarinduft

Die beiden Fische filetieren und enthäuten, danach die 4 Filets auf beiden Seiten mit wenig Salz und Chili einreiben und auf ein mit Olivenöl gefettetes Backblech legen. Mit den in dünne, gleichmäßig runde Scheiben geschnittenen Zucchini schuppenartig zudecken. Etwas Salz, Rosmarin und Chili draufstreuen. Ein paar Tropfen Olivenöl und den Weißwein dazugeben. Das Backblech in den auf 200° C vorgeheizten Backofen schieben, und den Fisch maximal 9-10 Minuten garen.

Auf einem Servierteller anrichten, mit dem eigenen Sud übergießen und servieren.

Polipo al vapore
con olio di Lucca e passata di patate

Zutaten für 4 Personen

- 1 großer Oktopus (Polyp) 500 g
- 80 ml Olivenöl aus der Toscana
- 3 feste Fleischtomaten
- 1/2 Zitrone
- 20 g Schnittlauch
- 20 ml Weinessig

für das Kartoffelpüree

- 500 g gekochte Kartoffeln
- 90 ml Olivenöl aus der Toscana
- 100 ml Vollmilch
- 70 ml Fischbrühe
- Salz und Chili

Gedünsteter Oktopus mit Olivenöl aus Lucca und Kartoffelpüree

Den Oktopus in einem großen Kochtopf mit 4 bis 6 Litern Wasser und dem Weinessig zum Kochen bringen.

35 Minuten kochen, abtropfen lassen und, ohne ihn zu häuten, in Scheiben schneiden. Die Scheiben in eine große Schüssel geben und mit gewürfelten Tomaten, Schnittlauch, Olivenöl und dem Saft einer halben Zitrone gut vermengen. Auf dem inzwischen fertiggestellten Kartoffelpüree anrichten und servieren.

Kartoffeln durch ein Sieb streichen. Die Masse auf dem Feuer mit warmer Milch, Olivenöl, Fischbrühe, Salz und Chili cremig rühren.

Hotel Vittoria
Brescia

Zur Mille sollten Sie es hier erst gar nicht versuchen - das Haus ist auf Jahre von den Funktionären und Veranstaltern gebucht. Aber zu anderen Zeiten wohnt man hier auf der Via X Giornate 20 im Herzen von Brescia sehr angenehm. Das Haus, 1933 erbaut, liegt im Rücken der Piazza Vittoria, hat 69 Zimmer von 280 bis 380 DM, eine American Bar und bietet alle Annehmlichkeiten eines 5-Star-Hauses, die Numero Uno in Brescia.

Hotel Vittoria

Via X Giornate 20

25121 Brescia

Tel. 00 39 0 30 28 00 61

Fax 00 39 0 30 28 00 65

Preise: 280 bis 380 DM

Golf: Golf Club

Franciacorta, 20 km

östlich von Brescia

Villa Fiordaliso
Gardone Riviera

Ein himmlischer Starting Point für die erste Übernachtung ist die Villa Fiordaliso am Gardasee in Gardone am Westufer. Nicht zu weit von Brescia entfernt und dennoch in einer anderen Welt. Die Villa wurde 1903 nach langer Bauzeit der Contessa Polengi übergeben und dann später wechselnden VIP's vermietet. Unter anderem wohnte hier D'Annunzio, der Dichter, dem die Italiener die Weiblichkeit des Automobils verdanken, für 3 Jahre, bis sein Turm mit Hafen, 100 Meter entfernt, bezugsfertig war. Heute ist in dem Turm eine elegante Piano-Bar, die zum Hotel gehört. Von 1943 bis 1945 bewohnte Claretta Petacci die Villa; ihr Lover, der Duce, zog die Stiefel aus und ließ die Füße im See baumeln, bis dann '45 beide gehängt wurden.

Villa Fiordaliso
Gardone Riviera

Kartoffeln mit Taleggio und Steinpilzen

Die Claretta Suite können Sie heute für 700 DM bewohnen, mit Seeterrasse, Stuckdecke und Alabasterbad. Das Haus hat trotz oder gerade wegen seiner Geschichte eine wundervoll relaxte Atmosphäre, der Service ist sehr persönlich, und die Familie Tosetti, die das Haus seit 1988 führt, ist stets freundlich und unauffällig zu Diensten. Hineinschlüpfen und sich wohlfühlen! Die exquisite Küche bietet regionale Gerichte, und wir stellen Ihnen eine einfach zuzubereitende, aber delikate Vorspeise vor, die auch schon 4 Stunden vor dem Mahl zubereitet werden kann. Auch die Schwertfisch Caponata ist eine kulinarische Besonderheit.

Hotel + Ristorante Villa Fiordaliso

Via Zanardelli 132

25083 Gardone Riviera (BS)

Tel. 00 39 0 36 52 01 58

Fax 00 39 03 65 29 00 11

Preise: 350 bis 700 DM (DZ)

Öffnungszeiten: Januar und Februar geschlossen

Restaurant Montag geschlossen

Parken: sicher auf dem Restaurantgelände

Golf: Golf Club Bergamo, Almenno S. Bartolomeo, 30 km westlich von Gardone

con taleggio e funghi porcini
Patate

Zutaten für 4 Personen	**Kartoffeln mit Taleggio und Steinpilzen**
12 kleine rothäutige Kartoffeln 2/3 Tassen heißes Wasser 18 g getrocknete Steinpilze 3 EL Olivenöl 2 kleingehackte Knoblauchzehen 250 g in Scheiben geschnittene Champignonköpfe 1 3/4 Tassen in Würfel geschnittener Taleggio oder Bel Paese 2 EL kleingehackte Petersilie Salz, Pfeffer	*Kartoffeln halbieren. Mit einem Melonenballmesser aushöhlen, ca. 1,5 cm Rand stehen lassen. Über kochendem Wasser auf Gitter dämpfen, bis die Kartoffeln gerade gar sind (ca. 8 min). Die Kartoffeln auf ein Backblech legen, salzen, pfeffern und abkühlen lassen. Die Steinpilze für 30 min in einer Tasse mit heißem Wasser ziehen lassen. Die Pilze herausnehmen und grob zerschneiden. Die Pilzbrühe beiseitestellen. Olivenöl in großer schwerer Pfanne mittelstark erhitzen, Knoblauch für 2 min sautieren, alle Pilze zufügen und weitere 2 min sautieren. Die Pilzbrühe hinzufügen. Ungefähr 8 min köcheln, bis die Pilze zart sind. Mit Pfeffer, Salz und 1 EL Petersilie würzen. Dieser Teil kann vorher zubereitet werden. Ofen auf 180° C aufheizen. Die Kartoffeln mit der Steinpilzsauce füllen, mit Taleggio bedecken und überbacken. Die Kartoffeln auf dem Teller anrichten, mit der Steinpilzsauce und dem Rest der Petersilie garnieren und auftragen.*

Caponata
Pesce Spada

Zutaten für 4 Personen	**Schwertfisch Caponata**
2 Schwertfischsteaks 750 g 500 g Auberginen in kleine Würfel geschnitten 8 EL Olivenöl 500 g geschälte Tomaten in dünne Streifen geschnitten 6 Knoblauchzehen kleingehackt 1 EL Chili kleingehackt 4 EL frisches gehacktes Basilikum 1 EL frischer gehackter Oregano (oder 1/2 TL getrockneter Oregano) Salz, Pfeffer	*Auberginenwürfel salzen und nach 15 min mit Küchenkrepp trocknen. In einer großen Pfanne das Olivenöl auf mittlerer Flamme erhitzen. Darin die Auberginen sautieren bis sie weich sind und anfangen braun zu werden (ca. 8 min). Nun die Tomaten, Knoblauch und Chili hinzufügen, weiter sautieren bis die Tomaten weich sind (ca. 5 min). Jetzt das Basilikum und den Oregano einrühren, mit Salz und Pfeffer nach Gusto würzen. Die beiden Steaks halbieren, so daß dünne Scheiben entstehen, diese längs noch einmal halbieren. Mit zwei Eßlöffeln Basilikum bestäuben, dann mit Pfeffer und Salz würzen. 2 Eßlöffel Olivenöl in einer weiteren Pfanne über mittlerer Flamme erhitzen und darin den Fisch etwa 45 sec pro Seite braten, bis er gerade gar ist. Die Auberginen auf die Teller verteilen, und darauf den Fisch servieren.*

Patate
con taleggio e funghi porcini

Zutaten für 4 Personen

- 12 kleine rothäutige Kartoffeln
- 2/3 Tassen heißes Wasser
- 18 g getrocknete Steinpilze
- 3 EL Olivenöl
- 2 kleingehackte Knoblauchzehen
- 250 g in Scheiben geschnittene Champignonköpfe
- 1 3/4 Tassen in Würfel geschnittener Taleggio oder Bel Paese
- 2 EL kleingehackte Petersilie
- Salz, Pfeffer

Kartoffeln mit Taleggio und Steinpilzen

Kartoffeln halbieren. Mit einem Melonenballmesser aushöhlen, ca. 1,5 cm Rand stehen lassen. Über kochendem Wasser auf Gitter dämpfen, bis die Kartoffeln gerade gar sind (ca. 8 min). Die Kartoffeln auf ein Backblech legen, salzen, pfeffern und abkühlen lassen. Die Steinpilze für 30 min in einer Tasse mit heißem Wasser ziehen lassen. Die Pilze herausnehmen und grob zerschneiden. Die Pilzbrühe beiseitestellen. Olivenöl in großer schwerer Pfanne mittelstark erhitzen, Knoblauch für 2 min sautieren, alle Pilze zufügen und weitere 2 min sautieren. Die Pilzbrühe hinzufügen. Ungefähr 8 min köcheln, bis die Pilze zart sind. Mit Pfeffer, Salz und 1 EL Petersilie würzen. Dieser Teil kann vorher zubereitet werden. Ofen auf 180° C aufheizen. Die Kartoffeln mit der Steinpilzsauce füllen, mit Taleggio bedecken und überbacken. Die Kartoffeln auf dem Teller anrichten, mit der Steinpilzsauce und dem Rest der Petersilie garnieren und auftragen.

Pesce Spada
Caponata

Zutaten für 4 Personen

- 2 Schwertfischsteaks 750 g
- 500 g Auberginen in kleine Würfel geschnitten
- 8 EL Olivenöl
- 500 g geschälte Tomaten in dünne Streifen geschnitten
- 6 Knoblauchzehen kleingehackt
- 1 EL Chili kleingehackt
- 4 EL frisches gehacktes Basilikum
- 1 EL frischer gehackter Oregano (oder 1/2 TL getrockneter Oregano)
- Salz, Pfeffer

Schwertfisch Caponata

Auberginenwürfel salzen und nach 15 min mit Küchenkrepp trocknen. In einer großen Pfanne das Olivenöl auf mittlerer Flamme erhitzen. Darin die Auberginen sautieren bis sie weich sind und anfangen braun zu werden (ca. 8 min). Nun die Tomaten, Knoblauch und Chili hinzufügen, weiter sautieren bis die Tomaten weich sind (ca. 5 min). Jetzt das Basilikum und den Oregano einrühren, mit Salz und Pfeffer nach Gusto würzen. Die beiden Steaks halbieren, so daß dünne Scheiben entstehen, diese längs noch einmal halbieren. Mit zwei Eßlöffeln Basilikum bestäuben, dann mit Pfeffer und Salz würzen. 2 Eßlöffel Olivenöl in einer weiteren Pfanne über mittlerer Flamme erhitzen und darin den Fisch etwa 45 sec pro Seite braten, bis er gerade gar ist. Die Auberginen auf die Teller verteilen, und darauf den Fisch servieren.

Pedemonte
Villa del Quar

Die Grenze zwischen der Lombardei und dem Veneto läuft mitten durch den Gardasee. So schauen Sie von der Villa Fiordaliso auf das Ostufer des Sees und damit ins Veneto. Während die Mille durch das nächtliche Verona donnert, machen wir einen Abstecher nach Norden, denn hier liegt die berühmte Weinregion des Valpolicella. Dieser Rotwein hat eine schöne Kirschenfarbe, eine leicht süßliche Blume, einen milden und weichen Geschmack und ist im Abgang eine Spur bitter. Die besten Valpolicellas stammen von den kleinen Erzeugern im Classico-Herzen des Gebietes. Einen davon stellen wir Ihnen später vor. Diese Nacht verbringen wir in dem Hotel Villa del Quar in Pedemonte, einem kleinen Örtchen im Herzen der Valpolicella.

Leopoldo Montresor, Architekt aus Verona, hat den alten Familienbesitz aufwendig und liebevoll restauriert. Das Anwesen liegt an der alten Römerstraße Via Claudia Augusta, Verona - Germanien. Hier stand erst eine Scaligerburg im 12. Jh., dann kam der Umbau zum Rittergut für einen Veroneser Edelmann, umgeben von einer Mauer, genannt Brolo, die den inneren Garten noch heute umgibt. Nach fünfjähriger Restaurierung wurde das Hotel 1992 eröffnet. Es hat immer noch den Charme eines typisch venezianischen Landsitzes. Quar wurde ein Stein genannt, den man in ein Ochsenhorn als Halter steckte, um damit Gegenstände zu bearbeiten. Frau Evelina Acampora ist Hotelierstochter und sorgt für die notwendige Professionalität im Hotelbetrieb. Im intimen Restaurant haben wir vorzüglich gespeist.

Hotel Villa del Quar
Via Quar 12
37020 Pedemonte
Tel. 00 39 0 45 6 80 06 81
Fax 00 39 0 45 6 80 06 04
Verona nördlich Richtung Parona und Pedemonte, hinter Parona links
Preise: 350 bis 450 DM (DZ)
Öffnungszeiten:
Januar bis 15. Februar geschlossen
Restaurant Oktober bis April, Montag geschlossen
Parken: sicher auf dem Gelände
Golf Club di Verona, 18 Loch

Medaglione di Manzo con porcini e maggiorana in salsa all'Amarone

Zutaten für 4 Personen	**Rinderfilet mit Steinpilzen und Majoran in Amaronesauce**
4 Rinderfilets à 150 g	*Die Steinpilze waschen und in Scheiben schneiden. In einem Topf den*
4 Steinpilze mittlerer Größe	*gehackten Knoblauch in der Hälfte des Olivenöles bei starker Hitze*
1 Bund Majoran gehackt	*anbräunen, und die Steinpilze anbraten. Abschmecken und warmhalten.*
2 Knoblauchzehen	*Die Rinderfilets mit Majoran, Salz und Pfeffer bestreuen. Mit dem*
Salz und Pfeffer	*restlichen Olivenöl nach Wunsch braten.*
Kaltgepreßtes Olivenöl	
für die Sauce 1 dl Rinderfond	*Amarone mit Schalotte und Lorbeerblättern auf 1/4 eindicken.*
1 Flasche Amarone	*Rinderfond zufügen.*
1 Schalotte, 2 Lorbeerblätter	*Rinderfilet auf den Tellern anrichten, Steinpilze darauflegen, mit der*
	Sauce begießen und auftragen.

Rinderfilet in Amaronesauce

Verona

Il Desco

Im Herzen von Verona liegt das Il Desco. Anna Rizzi ist eine charmante Gastgeberin und ihr Restaurant eine Freude für Auge und Gaumen. Lederstuhl zu lackierten Wänden im 400 Jahre alten Gemäuer. Viele lokale Weine auf der Karte und eine Küche von Elia Rizzi, die auch optisch ein Hochgenuß ist. Der Keller mit Tonnengewölbe lädt zur Weinprobe ein und dient als Gesellschaftsraum. Wir stellen Ihnen zwei Gerichte vor, besonders der Hummer mit Sedano ist „fingerlicking good"!

Ristorante Il Desco

Via Dietro S. Sebastino 7

37121 Verona

Tel. 00 39 0 45 59 53 58

Fax 00 39 0 45 59 02 36

Dir. Verona Sud, Centro, Brücke,

1. links ins Sperrgebiet

Preise: 25 bis 45 DM

Öffnungszeiten: Sonntag geschlossen,

15. - 30. Juni, 1. Januarwoche geschl.

Parken: am Fluß oder

mit Oldie hinter der Küche

Hummer mit Sedano

Flan di Zucchini *con pomodoro e cozze*

Zucchiniflan mit Tomaten und Miesmuscheln

<u>Zutaten für 4 Personen</u>

<u>für den Flan</u> 500 g Zucchini
2 Eier
200 ml flüssige Sahne
Olivenöl, Oregano, Salz, Pfeffer
4 kegelförmige Metallformen,
(ca. 6 cm hoch)

<u>für die Sauce</u> 500 g Miesmuscheln
50 g Butter
30 ml Olivenöl
1 reife Tomate
20 g gehackte Petersilie
1 Knoblauchzehe
frisches Basilikum

1/3 der Zucchini längsschneiden und in Salzwasser kurz blanchieren. Die Formen mit den Zucchinis längs verkleiden, so daß ein Stück der Gemüse hervorragt. Die übrigen Zucchini würfeln und in wenig Olivenöl bei starker Hitze 5 Minuten anbraten. Eier und Sahne in einer Terrine verquirlen und mit Salz, Pfeffer und etwas Oregano abschmecken. Die angebratenen Zucchini unter die Masse mischen und in die Formen füllen. Form mit dem Ende der Zucchinistreifen verschließen. Im Backofen bei 140° C im Wasserbad 30 Minuten backen.

Miesmuscheln in der Pfanne mit etwas Olivenöl und dem Knoblauch schwenken, bis sie aufgehen, aus der Schale nehmen und ca. 100 ml des Kochsaftes aufbewahren. Tomate kurz blanchieren, enthäuten und würfeln. Den Kochsaft in einer Pfanne reduzieren. Olivenöl und Butter dazugeben und unter schnellem Rühren zum Kochen bringen. Miesmuscheln, Petersilie und Tomatenwürfel zufügen. Die Flan aus der Form nehmen und in der Mitte des Tellers anrichten. Mit Sauce und Muscheln übergießen und mit frischem Basilikum garnieren.

Insalata tiepida di astice marinato *con purea di prezzemolo e purea di sedano rapa*

Lauwarmer marinierter Hummersalat mit Petersilien- und Selleriepüree

<u>Zutaten für 4 Personen</u>

2 Hummer (lebendig, à 500 g)
Olivenöl
Zitronensaft
1 Knoblauchzehe
1/2 Zwiebel
Salz und Pfeffer

<u>für das Püree</u>
4 mittlere Kartoffeln
100 g Petersilie
100 g Knollensellerie
200 ml Milch
1 Nuß Butter
Salz, Pfeffer, Muskatnuß

Hummer für 3 Minuten in kochendes Wasser tauchen. Aus der Schale nehmen und in Stücke schneiden. Hummerfleisch mit Zwiebelringen, Knoblauch, Zitronensaft, Salz und Pfeffer vermischen, mit Olivenöl bedecken und mindestens 24 Stunden marinieren.

Kartoffeln kochen und zerdrücken. Petersilie pürieren, in ein Tuch geben und auspressen, um den Saft zu gewinnen. Die Hälfte der zerdrückten Kartoffeln mit dem Petersiliensaft, 100 ml heißer Milch, Salz, Pfeffer, Muskatnuß und etwas Butter cremig mischen.

Knollensellerie in der restlichen Milch kochen (wenn nötig mehr Milch verwenden) und verquirlen. Dann wie beim Petersilienpüree vorgehen. Rund um den Teller Püreeröschen mit dem Spritzbeutel formen und kurz überbacken. Den marinierten Hummer in die Mitte legen und servieren.

Flan di Zucchini
con pomodoro e cozze

Zucchiniflan mit Tomaten und Miesmuscheln

Zutaten für 4 Personen

für den Flan 500 g Zucchini
2 Eier
200 ml flüssige Sahne
Olivenöl, Oregano, Salz, Pfeffer
4 kegelförmige Metallformen, (ca. 6 cm hoch)

für die Sauce 500 g Miesmuscheln
50 g Butter
30 ml Olivenöl
1 reife Tomate
20 g gehackte Petersilie
1 Knoblauchzehe
frisches Basilikum

1/5 der Zucchini längsschneiden und in Salzwasser kurz blanchieren. Die Formen mit den Zucchinis längs verkleiden, so daß ein Stück der Gemüse hervorragt. Die übrigen Zucchini würfeln und in wenig Olivenöl bei starker Hitze 5 Minuten anbraten. Eier und Sahne in einer Terrine verquirlen und mit Salz, Pfeffer und etwas Oregano abschmecken. Die angebratenen Zucchini unter die Masse mischen und in die Formen füllen. Form mit dem Ende der Zucchinistreifen verschließen. Im Backofen bei 140° C im Wasserbad 30 Minuten backen.

Miesmuscheln in der Pfanne mit etwas Olivenöl und dem Knoblauch schwenken, bis sie aufgehen, aus der Schale nehmen und ca. 100 ml des Kochsaftes aufbewahren. Tomate kurz blanchieren, enthäuten und würfeln. Den Kochsaft in einer Pfanne reduzieren. Olivenöl und Butter dazugeben und unter schnellem Rühren zum Kochen bringen. Miesmuscheln, Petersilie und Tomatenwürfel zufügen. Die Flan aus der Form nehmen und in der Mitte des Tellers anrichten. Mit Sauce und Muscheln übergießen und mit frischem Basilikum garnieren.

Insalata tiepida di astice marinato
con purea di prezzemolo e purea di sedano rapa

Lauwarmer marinierter Hummersalat mit Petersilien- und Selleriepüree

Zutaten für 4 Personen

2 Hummer (lebendig, à 500 g)
Olivenöl
Zitronensaft
1 Knoblauchzehe
1/2 Zwiebel
Salz und Pfeffer

für das Püree
4 mittlere Kartoffeln
100 g Petersilie
100 g Knollensellerie
200 ml Milch
1 Nuß Butter
Salz, Pfeffer, Muskatnuß

Hummer für 5 Minuten in kochendes Wasser tauchen. Aus der Schale nehmen und in Stücke schneiden. Hummerfleisch mit Zwiebelringen, Knoblauch, Zitronensaft, Salz und Pfeffer vermischen, mit Olivenöl bedecken und mindestens 24 Stunden marinieren.

Kartoffeln kochen und zerdrücken. Petersilie pürieren, in ein Tuch geben und auspressen, um den Saft zu gewinnen. Die Hälfte der zerdrückten Kartoffeln mit dem Petersiliensaft, 100 ml heißer Milch, Salz, Pfeffer, Muskatnuß und etwas Butter cremig mischen.

Knollensellerie in der restlichen Milch kochen (wenn nötig mehr Milch verwenden) und verquirlen. Dann wie beim Petersilienpüree vorgehen.

Rund um den Teller Püreeröschen mit dem Spritzbeutel formen und kurz überbacken. Den marinierten Hummer in die Mitte legen und servieren.

Mit wildem Röhren schießt der 300 SLR durch die romantische Landschaft - wer dieses Geräusch einmal gehört hat, wird es so schnell nicht vergessen. Auch das macht den Reiz der Mille aus - auszubrechen aus dem geregelten Alltag der Massengesellschaft.

Antica Corte Al Molino

Negrar di Valpolicella

Von der Villa Quar aus sind es nur 15 Minuten bis zum Hof der Familie Mazzi in Sanperetto, mitten im Valpolicella Classico gelegen. Seit die Italiener Steuern zahlen, nutzen sie auch die erhöhte Abschreibung, in diesem Fall beim Agritourismo für die Renovierung einer uralten Wassermühle mit Weingut. Bei Mazzi's ist man gleich zu Hause, wird wie der verlorene Sohn empfangen. Frau Fiorella führt die Oberaufsicht, und der Boß, Roberto, kocht die Rezepte seiner Großmutter - allerbeste und reichliche Landküche. Das Restaurant in der alten Küche im ersten Stock hat 40 Plätze, die Söhne Stefano und Roberto beraten und servieren. Brot, Wein, Olivenöl, Aceto und Honig, selbst der Kuchen stammen aus eigener Produktion. Die Dolci sind eine Reise wert, und zum Espresso probiert man den Aufgesetzten aus Zitronenmelisse. Raucher verlassen zum Paffen den Saal und verqualmen das Vorzimmer mit Kamin. Man kann hier nach reichlichem Amarone-Genuß auch nächtigen!

Trattoria Antica Corte Al Molino

Frazione Sanperetto

37024 Negrar di Valpolicella

Tel. 00 39 0 45 8 26 61 50 o. 7 50 20 72

Fax 00 39 0 45 8 26 61 50

Öffnungszeiten: Fr. und Sa. abends

So. mittags oder abends

unbedingt anrufen und reservieren

Preise: Menü ca. 40 DM

Parken: sehr sicher vor dem Haus

Golf: Somacampagna Golf Club di Verona, ca. 18 km

Schmorbraten mit Amarone-Wein

Stufato *all'Amarone della Valpolicella*

Schmorbraten mit Amarone-Wein

Zutaten für ca. 4 Personen

- 1 kg abgehängter Rinderbraten
- verschiedene Kräuter
- 200 g Zwiebeln
- 50 g Butter
- 1/4 Glas Olivenöl extra vergine
- 1/2 l alter Amarone
- Salz

Das in Stücke geschnittene Fleisch in einer Mischung aus Rosmarin, Knoblauch, Salbei, Wacholder, Thymian, Lorbeerblättern und Salz einlegen und 24 Stunden ruhen lassen. Zwiebeln in Butter und Olivenöl in einem Topf glasig werden lassen. Wein angießen und zum Kochen bringen. Fleisch zufügen und ca. 4 Stunden bei schwacher Hitze schmoren lassen. Mit heißer Polenta anrichten und servieren.

Risotto *all'Amarone della Valpolicella*

Risotto in Amarone-Wein

Zutaten für ca. 8 Personen

- 1 EL Butter
- 2 EL kaltgepreßtes Olivenöl
- 3/4 l alter Amarone
- 500 g Reis vialone nano (Risotto-Reis)
- 2 Zwiebeln mittlerer Größe
- gute Fleischbrühe
- Salz

In einen Topf, wenn möglich aus Kupfer, die pürierten Zwiebeln mit Butter und Olivenöl geben und glasig dünsten. Die Hälfte des Weines angießen und einige Minuten verdampfen lassen. Den Reis zufügen und unter Rühren leicht rösten. Nach und nach die Brühe und den restlichen Wein nachgießen bis der Reis gar ist (ca. 30 Minuten). Vor dem Auftragen einige Minuten ziehen lassen.

Stufato
all'Amarone della Valpolicella

Zutaten für ca. 4 Personen

1 kg abgehängter Rinderbraten
verschiedene Kräuter
200 g Zwiebeln
50 g Butter
1/4 Glas Olivenöl extra vergine
1/2 l alter Amarone
Salz

Schmorbraten mit Amarone-Wein

Das in Stücke geschnittene Fleisch in einer Mischung aus Rosmarin, Knoblauch, Salbei, Wacholder, Thymian, Lorbeerblättern und Salz einlegen und 24 Stunden ruhen lassen. Zwiebeln in Butter und Olivenöl in einem Topf glasig werden lassen. Wein angießen und zum Kochen bringen. Fleisch zufügen und ca. 4 Stunden bei schwacher Hitze schmoren lassen. Mit heißer Polenta anrichten und servieren.

Risotto
all'Amarone della Valpolicella

Zutaten für ca. 8 Personen

1 EL Butter
2 EL kaltgepreßtes Olivenöl
3/4 l alter Amarone
500 g Reis vialone nano (Risotto-Reis)
2 Zwiebeln mittlerer Größe
gute Fleischbrühe
Salz

Risotto in Amarone-Wein

In einen Topf, wenn möglich aus Kupfer, die pürierten Zwiebeln mit Butter und Olivenöl geben und glasig dünsten. Die Hälfte des Weines angießen und einige Minuten verdampfen lassen. Den Reis zufügen und unter Rühren leicht rösten. Nach und nach die Brühe und den restlichen Wein nachgießen bis der Reis gar ist (ca. 30 Minuten). Vor dem Auftragen einige Minuten ziehen lassen.

Mazzi

WP4336
GBJ

Gabbia d'Oro

Gabbia - Isola della Scala

Auf der Straße Verona - Ostiglia durch die Poebene, flach, keine Hügel, keine Täler, ähnelt irgendwie Holland, endlose Reisfelder machen Lust auf ein frisches Risotto. In Isola della Scala biegt man nach der Stazione Ferroviale links ab und folgt der Straße für 5-6 km, bis linker Hand ein rosafarbenes Herrenhaus auftaucht. Hier residiert Domenico Burato und kocht ganz köstlich.

Im Restaurant sitzt man wie früher bei Großgrundbesitzers, und auf der Terrasse mitten in der Campagna. Allein der Käse mit den hausgefertigten Senfäpfeln ist den Abstecher wert. Da wir ja in der Hauptreisgegend sind, folgt nun ein Rezept mit Reis.

Ristorante Gabbia d´Oro

37063 Gabbia - Isola della Scala

Tel. 00 39 0 45 7 33 00 20

Öffnungszeiten:

Dienstag und Mittwoch geschlossen

20 Tage im August und Januar geschlossen

Preise: 20 bis 40 DM

Parken: sicher vor dem Haus

Minestra di zucca con riso e tegolina di padano alla cannella

<u>Zutaten für 4 Personen</u>

500 g gewürfelter Kürbis
1 Stange Staudensellerie
1 große Kartoffel
2 Karotten
1 Zwiebel
2 Knoblauchzehen
50 g Butter
70 ml Olivenöl extra vergine
1/2 l Hühnerbrühe
100 g gekochter Reis
geriebener Granakäse
Zimt

Kürbissuppe mit Reis und Käseziegelchen mit Zimt

Gemüse kleinschneiden und in Olivenöl und der Hälfte der Butter bei schwacher Hitze andünsten. Nach 10 Minuten den Kürbis zufügen und einige Minuten schmoren. Abschmecken mit Hühnerbrühe, zudecken und eine Stunde kochen lassen. Das Gemüse durch ein Sieb streichen, den Reis zufügen und wieder zum Kochen bringen. Mit geriebenem Granakäse und der übrigen Butter binden und mit etwas Zimt abschmecken.

40 g geriebenen Granakäse und etwas Zimt in einer Glasschüssel vermischen. Die Masse fleckenförmig in eine Teflonpfanne geben und nach 1,5 min vom Feuer nehmen, etwas abkühlen lassen und auf die andere Seite wenden. Dann nochmal 30 sec erhitzen. Um einen Holzlöffelgriff legen, um so die Ziegelform zu erhalten.
Die Kürbissuppe auf Suppentellern servieren und vor dem Auftragen mit Käseziegelchen garnieren.

Mostarda di mele

<u>Zutaten</u>

1 kg grüne Äpfel
800 g Zucker
10 - 12 Tropfen Senfessenz aus der Apotheke
2 Limonen

Eingelegte Senfäpfel

Die Äpfel schälen, Gehäuse entfernen, vierteln und in Scheiben schneiden. Zusammen mit dem Zucker und den ebenso geviertelten und in Scheiben geschnittenen, ungeschälten Limonen in ein Glas geben, 1/2 l Wasser hinzufügen, gut vermischen und 24 Stunden ruhen lassen. Die Apfelscheiben und die Limonen herausnehmen - Limonen wegwerfen - und den entstandenen Sirup in einem Edelstahltopf für 10 - 15 Minuten einkochen. Erkalten lassen, dann 10 - 12 Tropfen Senfessenz vorsichtig und gründlich in den Sirup einrühren. Vorsicht ätzend!!! Dann die Äpfel wieder hineingeben, gut vermischen und in einem verschlossenen Glasgefäß (Einmachglas) aufbewahren. Hält ein Jahr und kann nach 7 - 8 Monaten mit 3 - 4 Tropfen Senfessenz wieder aufgefrischt werden.
Eine köstliche Beilage zu diversen Käsesorten, zu Fleisch und besonders zum Bollito Misto.

Minestra di zucca con riso
e tegolina di padano alla cannella

Kürbissuppe mit Reis und Käseziegelchen mit Zimt

Zutaten für 4 Personen

- **500 g gewürfelter Kürbis**
- **1 Stange Staudensellerie**
- **1 große Kartoffel**
- **2 Karotten**
- **1 Zwiebel**
- **2 Knoblauchzehen**
- **50 g Butter**
- **70 ml Olivenöl extra vergine**
- **1/2 l Hühnerbrühe**
- **100 g gekochter Reis**
- **geriebener Granakäse**
- **Zimt**

Gemüse kleinschneiden und in Olivenöl und der Hälfte der Butter bei schwacher Hitze andünsten. Nach 10 Minuten den Kürbis zufügen und einige Minuten schmoren. Abschmecken mit Hühnerbrühe, zudecken und eine Stunde kochen lassen. Das Gemüse durch ein Sieb streichen, den Reis zufügen und wieder zum Kochen bringen. Mit geriebenem Granakäse und der übrigen Butter binden und mit etwas Zimt abschmecken.

40 g geriebenen Granakäse und etwas Zimt in einer Glasschüssel vermischen. Die Masse fleckenförmig in eine Teflonpfanne geben und nach 1,5 min vom Feuer nehmen, etwas abkühlen lassen und auf die andere Seite wenden. Dann nochmal 30 sec erhitzen. Um einen Holzlöffelgriff legen, um so die Ziegelform zu erhalten.

Die Kürbissuppe auf Suppentellern servieren und vor dem Auftragen mit Käseziegelchen garnieren.

Mostarda di mele

Eingelegte Senfäpfel

Zutaten

- **1 kg grüne Äpfel**
- **800 g Zucker**
- **10 - 12 Tropfen Senfessenz aus der Apotheke**
- **2 Limonen**

Die Äpfel schälen, Gehäuse entfernen, vierteln und in Scheiben schneiden. Zusammen mit dem Zucker und den ebenso geviertelten und in Scheiben geschnittenen, ungeschälten Limonen in ein Glas geben, 1/2 l Wasser hinzufügen, gut vermischen und 24 Stunden ruhen lassen. Die Apfelscheiben und die Limonen herausnehmen - Limonen wegwerfen - und den entstandenen Sirup in einem Edelstahltopf für 10 - 15 Minuten einkochen. Erkalten lassen, dann 10 - 12 Tropfen Senfessenz vorsichtig und gründlich in den Sirup einrühren. Vorsicht ätzend!!! Dann die Äpfel wieder hineingeben, gut vermischen und in einem verschlossenen Glasgefäß (Einmachglas) aufbewahren. Hält ein Jahr und kann nach 7 - 8 Monaten mit 3 - 4 Tropfen Senfessenz wieder aufgefrischt werden.

Eine köstliche Beilage zu diversen Käsesorten, zu Fleisch und besonders zum Bollito Misto.

VIAGGI

Mercedes-Benz

Atlante
stradale
d'Italia
Centro
1:200 000

Die Mille hat viele Gesichter

Das Beste an der Mille sind die Menschen, die italienischen und die Ausländer. Für einen Amerikaner ist es nicht zu fassen, daß man auf öffentlichen Straßen ein solches Spektakel veranstalten kann.
Die Teilnehmer kommen aus aller Welt, 1996 waren es 31 Nationen.
Die Veranstalter komponieren eine virtuose Mischung aus den unvermeidlichen VIP's, ohne die heutzutage scheint's niemand mehr auskommt, am allerwenigsten die Presse, und einem Querschnitt durch die arbeitende Bevölkerung nach dem Motto „vom Tellerwäscher zum Millionär".
Die VIP's wiederum teilen sich in die Kategorien Film, Gesang, Adel und mehr oder weniger bekannte Sportler, wobei hier dem italienischen Sportler der Vorzug gegeben wird. Meistens sind auch einige professionelle Rennfahrer dabei, die vom jeweiligen Markensponsor eingesetzt werden.
Vom Fiat Topolino bis zum Alfa Monza sind alle jemals bei der alten Mille vertretenen Autotypen zu sehen und werden mit Schwung bewegt. Kleine Reparaturen werden am Straßenrand erledigt, und bei größeren Defekten wird auch schon mal über Nacht eine Hinterachse eingeflogen und gewechselt. Die allgegenwärtige Polizei zeigt sich als wahrer Freund und Helfer. Kommt es in den Nachmittagsstunden zum Stau, werden die Teilnehmer zu Pulks zusammengestellt, und ab geht es mit Blaulicht und Sirene durch die Mitte. Mit 150 durch Florenz, muß man gesehen haben, um es zu glauben. Der Alltagsverkehr verzieht sich fügsam in den Graben, und durch hetzt die wilde Meute. Millionen Menschen sind auf den Beinen, und an besonders schönen Punkten rast man durchs Menschenspalier.

Die Mille hat viele Gesichter

Das Beste an der Mille sind die Menschen, die italienischen und die Ausländer. Für einen Amerikaner ist es nicht zu fassen, daß man auf öffentlichen Straßen ein solches Spektakel veranstalten kann.

Die Teilnehmer kommen aus aller Welt, 1996 waren es 31 Nationen.

Die Veranstalter komponieren eine virtuose Mischung aus den unvermeidlichen VIP's, ohne die heutzutage scheint's niemand mehr auskommt, am allerwenigsten die Presse, und einem Querschnitt durch die arbeitende Bevölkerung nach dem Motto „vom Tellerwäscher zum Millionär".

Die VIP's wiederum teilen sich in die Kategorien Film, Gesang, Adel und mehr oder weniger bekannte Sportler, wobei hier dem italienischen Sportler der Vorzug gegeben wird. Meistens sind auch einige professionelle Rennfahrer dabei, die vom jeweiligen Markensponsor eingesetzt werden.

Vom Fiat Topolino bis zum Alfa Monza sind alle jemals bei der alten Mille vertretenen Autotypen zu sehen und werden mit Schwung bewegt.

Kleine Reparaturen werden am Straßenrand erledigt, und bei größeren Defekten wird auch schon mal über Nacht eine Hinterachse eingeflogen und gewechselt. Die allgegenwärtige Polizei zeigt sich als wahrer Freund und Helfer. Kommt es in den Nachmittagsstunden zum Stau, werden die Teilnehmer zu Pulks zusammengestellt, und ab geht es mit Blaulicht und Sirene durch die Mitte. Mit 150 durch Florenz, muß man gesehen haben, um es zu glauben. Der Alltagsverkehr verzieht sich fügsam in den Graben, und durch hetzt die wilde Meute. Millionen Menschen sind auf den Beinen, und an besonders schönen Punkten rast man durchs Menschenspalier.

LOTUS

Duchessa Isabella
Ferrara

Vom einfachen Landleben in die Stadt der Fahrradfahrer, Ferrara. Der erste Starter der Mille ist hier am späten Abend, um exakt 23.50 Uhr, eingetroffen. Exakt dann, wenn er einer der Teilnehmer ist, die die Sache richtig ernst nehmen, d.h. auf die Sekunde genau den Meßschlauch der Zeitnahme zu überfahren, um möglichst wenig Strafpunkte für Zeitabweichung zu ernten.

Hier scheiden sich die Geister. Für den einen ist es ein großer Jux, und er schert sich den Teufel um Punkte, für den anderen eine Prestigesache, bei der Mille einen Topf zu erringen. Chacun a son gout!

Hotel Duchessa Isabella

Via Palestro 70

44100 Ferrara

Tel. 00 39 05 32 20 21 21

Fax 00 39 05 32 20 26 38

Öffnungszeiten: immer geöffnet

Preise: 350 bis 500 DM (DZ)

Parken: Garage bestellen

Golf: Club Albarella in Rosolina, 30 km östlich

Duchessa Isabella: Kulturschock! Pompöö...s! Und doch in sich stimmig und konsequent in der einmal eingeschlagenen Linie ist das Hotel und Restaurant Duchessa Isabella. Den Namen verdankt das Haus der Edeldame Isabella d'Este, die leidenschaftlich gerne Feste im 15. Jahrhundert ausrichtete.

Die Zimmer sind geradezu unbeschreiblich - aber am besten sehen Sie selber nach. Das Haus, mitten in Ferrara, stammt aus dem 15. Jh., hat einen hübschen Park, und der Hausherr Sig. Claudio Candia zeigt seinen Gästen mit Vergnügen die Weinkeller, die unter dem Garten verborgen sind.

Ferrara

Quel fantastico giovedi

„Back down to earth" empfiehlt sich ein Besuch, am besten mit dem Taxi, im Restaurant Quel fantastico giovedi. Chef Marco Janotta hat selber ein Kochbuch über die Küche von Ferrara geschrieben, mit schönen alten Stichen und typischen Rezepten. Es beginnt mit der ewigen Frage „Salama si o Salama no?", wobei hier die echte ferraresische Salami gemeint ist. Die Frage wird sich nie mehr klären, da der letzte Fachmann, der Koch Alfonsa, 1943/44 unter den Bomben einer englischen Lancaster starb, die, statt den Bahnhof zu treffen, sein Restaurant zerstörte. Im giovedi, bis 1.00 Uhr geöffnet, gibt es einfache, bodenständige Gerichte mit Trüffeln, Pane Ferrarese und der besagten Salama, dazu vieles andere. Zur Mille baut Marco Janotta an der Strecke einen Stand mit Häppchen auf und füttert die Teilnehmer, die so klug sind, kurz anzuhalten.

Ristorante

Quel fantastico giovedi

Via Castelnuovo 9

44100 Ferrara

Tel. 00 39 05 32 76 05 70

Öffnungszeiten:

Mittwoch geschlossen

Preise: 30 DM

Parken: vor dem Haus

Kalbsfilet mit Zitrone

al limone Arrosto

Zutaten für 6 Personen	Kalbsfilet mit Zitrone
1 Kalbsfilet (ca. 800 g) 100 g geräucherter Speck 1 Zwiebel mittlerer Größe 1 EL Samenöl 3 - 4 Salbeiblätter 3 - 4 Lorbeerblätter 50 g Mehl 1 EL Paprika 1/4 l Bratenfond Saft von 2 Zitronen 120 ml Portwein 1/4 l Weißwein 1/2 l Fleischbrühe Salz, Pfeffer	*Das gut parierte Kalbsfilet mit dem Speck umwickeln und in ein Gefäß mit Öl, Zitronensaft, Portwein, Lorbeer- und Salbeiblättern, der in dünne Scheiben geschnittenen Zwiebel, Salz und Pfeffer zum Marinieren legen. Nach ca. 4 Stunden das Filet herausnehmen, abtropfen lassen und gut abtrocknen. Dann das Fleisch in einem Bräter mit Öl und Butter anbraten. Mit Weißwein ablöschen und mit heißer Fleischbrühe zum Kochen bringen. Für die Sauce inzwischen Mehl, Paprika, Bratenfond und Zitronensaft in einem Mixer quirlen. Das fertig gegarte Filet von der Speckhülle befreien und in Scheiben schneiden. Die Scheiben in eine feuerfeste Form schichten, dabei jede Schicht mit einer Lage Soße begießen. Mit Alufolie bedecken und bei 180° C 10 bis 15 Minuten fertigbacken.*

al latte Lombo di maiale

Zutaten für 6 Personen	Schweinelendchen in Milch
600 g parierte Schweinelende 80 g Butter 5 - 10 Knoblauchzehen 1 1/2 l Milch	*Zuerst wird das Fleisch in der Butter scharf angebraten, danach die ganze Milch zugeben. Die geschälten Knoblauchzehen werden beigefügt, und man gart für ca. eine Stunde bei schwacher Hitze.* *Die aromatische Knoblauch-Milch-Sauce muß bei Ende der Garzeit dickflüssig reduziert sein.*

Arrosto al limone

Zutaten für 6 Personen

- 1 Kalbsfilet (ca. 800 g)
- 100 g geräucherter Speck
- 1 Zwiebel mittlerer Größe
- 1 EL Samenöl
- 3 - 4 Salbeiblätter
- 3 - 4 Lorbeerblätter
- 50 g Mehl
- 1 EL Paprika
- 1/4 l Bratenfond
- Saft von 2 Zitronen
- 120 ml Portwein
- 1/4 l Weißwein
- 1/2 l Fleischbrühe
- Salz, Pfeffer

Kalbsfilet mit Zitrone

Das gut parierte Kalbsfilet mit dem Speck umwickeln und in ein Gefäß mit Öl, Zitronensaft, Portwein, Lorbeer- und Salbeiblättern, der in dünne Scheiben geschnittenen Zwiebel, Salz und Pfeffer zum Marinieren legen. Nach ca. 4 Stunden das Filet herausnehmen, abtropfen lassen und gut abtrocknen. Dann das Fleisch in einem Bräter mit Öl und Butter anbraten. Mit Weißwein ablöschen und mit heißer Fleischbrühe zum Kochen bringen. Für die Sauce inzwischen Mehl, Paprika, Bratenfond und Zitronensaft in einem Mixer quirlen. Das fertig gegarte Filet von der Speckhülle befreien und in Scheiben schneiden. Die Scheiben in eine feuerfeste Form schichten, dabei jede Schicht mit einer Lage Soße begießen. Mit Alufolie bedecken und bei 180° C 10 bis 15 Minuten fertigbacken.

Lombo di maiale al latte

Zutaten für 6 Personen

- 600 g parierte Schweinelende
- 80 g Butter
- 5 - 10 Knoblauchzehen
- 1 1/2 l Milch

Schweinelendchen in Milch

Zuerst wird das Fleisch in der Butter scharf angebraten, danach die ganze Milch zugeben. Die geschälten Knoblauchzehen werden beigefügt, und man gart für ca. eine Stunde bei schwacher Hitze. Die aromatische Knoblauch-Milch-Sauce muß bei Ende der Garzeit dickflüssig reduziert sein.

GF59RU 5362

Ca'de Ven

Hier treffen sich „the beautiful people of Ravenna" und zwangsläufig auch einige Touristen. Die Mischung stimmt aber, und das Haus gibt ein gutes Feeling, irgendwo zwischen Bistro, Weinkeller und Osteria. Erbaut 1546, und seit 1975 eine Enoteca. Zum Knabbern backt man hier die Piadina Romagnola, eine Art Pizzabrot.

Bistrot Ca´de Ven
Via C. Ricci 24
48100 Ravenna
Tel. 00 39 0 54 43 01 63
Öffnungszeiten:
Montag geschlossen
Preise: 20 DM
Parken: öffentl. in ca. 200 m

1000
MIGLIA

Ravenna
Chilò

Direkt an der Strecke liegt die Trattoria Chilò. 1925 eröffnet, war es das dritte Restaurant von Ravenna. Bei schönem Wetter sitzt man in dem malerischen Hinterhof und läßt sich von den Kochkünsten Herrn Pezzi´s verwöhnen, während Frau Pezzi bedient.

Der Sangiovese des hauseigenen Weingutes Rocca di Ribano sollte unbedingt probiert werden. Alle Nudeln sind handgemacht, und der gegrillte Käse, eines der landestypischen Gerichte, ist besonders gut. Der selbstgemachte Nußlikör, der mit exakt 21 noch grünen Nüssen pro Liter angesetzt werden muß, ist ein „must" zum Cafè.

Trattoria Chilò

Via Maggiore 62

48100 Ravenna

Tel. 00 39 0 54 43 62 06

Fax 00 39 0 54 43 62 06

Öffnungszeiten:

Donnerstag und

1. Augustwoche geschlossen

Preise: sehr moderat

Parken: vor dem Haus

Kaninchenfrikassee

Zuppa Inglese

Coniglio in fricassea

Kaninchenfrikassee

Zutaten für 6 Personen

1 Kaninchen (ca. 1300 g)
200 g geräucherter Schweinebauch
2 weiße Zwiebeln
1 Prise weißes Mehl
1 Glas Fleischbrühe
1 Glas trockener Weißwein
1 Nuß Butter
1 Zitrone (Saft)
4 EL Olivenöl
4 Eigelb
1 Prise gehackte Petersilie
Salz und schwarzer Pfeffer

Zwiebeln und Schweinebauch klein hacken. In einem Topf mit Olivenöl und Butter goldbraun werden lassen. Das in Stücke geschnittene Kaninchen in den Topf legen und ca. 30 Minuten braten. Den Weißwein hinzufügen und bei starker Hitze verdampfen lassen. Abschmecken, die Brühe hinzugeben und alles bei milder Hitze schmoren lassen. Von Zeit zu Zeit die Fleischstücke wenden, um zu vermeiden, daß sie anbrennen. In einer Glasschüssel Eigelb, Zitronensaft, Petersilie, Mehl und Pfeffer quirlen und vor dem Auftragen mit dem Kaninchen vermengen.

Zuppa Inglese

Zuppa Inglese

Zutaten für 6 Personen

1 l Milch
8 Eigelb
100 g Mehl
8 EL Zucker
1 Zitronenschale
200 g Löffelbiskuit
50 g bitterer Kakao
Alchermes-Likör

Die Milch mit der Zitronenschale zum Kochen bringen. In einem zweiten Topf Eigelb, Zucker und Mehl verrühren. Die heiße Milch langsam bei ständigem Rühren zugeben. Den Topf auf das Feuer stellen und zum Siedepunkt bringen. Topf von der Platte nehmen. Ca. 1/4 der Creme in eine Schüssel geben und mit dem Kakao gut vermengen. 6 mit Alchermes durchtränkte Löffelbiskuits auf den Boden einer hochwandigen Auflaufform legen und mit der gelben Creme bedecken. Darauf etwas Schokoladen-Creme ausbreiten. Dann wieder eine Schicht Löffelbiskuit, und den Vorgang wiederholen, bis alles verbraucht ist. Am Schluß mit durchtränkten Stückchen Löffelbiskuit phantasievoll garnieren. Löffelweise kalt servieren.

Coniglio in fricassea

Zutaten für 6 Personen

- 1 Kaninchen (ca. 1300 g)
- 200 g geräucherter Schweinebauch
- 2 weiße Zwiebeln
- 1 Prise weißes Mehl
- 1 Glas Fleischbrühe
- 1 Glas trockener Weißwein
- 1 Nuß Butter
- 1 Zitrone (Saft)
- 4 EL Olivenöl
- 4 Eigelb
- 1 Prise gehackte Petersilie
- Salz und schwarzer Pfeffer

Kaninchenfrikassee

Zwiebeln und Schweinebauch klein hacken. In einem Topf mit Olivenöl und Butter goldbraun werden lassen. Das in Stücke geschnittene Kaninchen in den Topf legen und ca. 30 Minuten braten. Den Weißwein hinzufügen und bei starker Hitze verdampfen lassen. Abschmecken, die Brühe hinzugeben und alles bei milder Hitze schmoren lassen. Von Zeit zu Zeit die Fleischstücke wenden, um zu vermeiden, daß sie anbrennen. In einer Glasschüssel Eigelb, Zitronensaft, Petersilie, Mehl und Pfeffer quirlen und vor dem Auftragen mit dem Kaninchen vermengen.

Zuppa Inglese

Zutaten für 6 Personen

- 1 l Milch
- 8 Eigelb
- 100 g Mehl
- 8 EL Zucker
- 1 Zitronenschale
- 200 g Löffelbiskuit
- 50 g bitterer Kakao
- Alchermes-Likör

Zuppa Inglese

Die Milch mit der Zitronenschale zum Kochen bringen. In einem zweiten Topf Eigelb, Zucker und Mehl verrühren. Die heiße Milch langsam bei ständigem Rühren zugeben. Den Topf auf das Feuer stellen und zum Siedepunkt bringen. Topf von der Platte nehmen. Ca. 1/4 der Creme in eine Schüssel geben und mit dem Kakao gut vermengen. 6 mit Alchermes durchtränkte Löffelbiskuits auf den Boden einer hochwandigen Auflaufform legen und mit der gelben Creme bedecken. Darauf etwas Schokoladen-Creme ausbreiten. Dann wieder eine Schicht Löffelbiskuit, und den Vorgang wiederholen, bis alles verbraucht ist. Am Schluß mit durchtränkten Stückchen Löffelbiskuit phantasievoll garnieren. Löffelweise kalt servieren.

Chilò

Dem normalen Autofahrer sind die historischen Stadtkerne allemal verschlossen. Die Zeitmaschine Mille führt durch die Zentren der schönsten Städte Italiens, wie damals 1923, 1954, je nach dem Modell, in dem man sitzt.

MACELLERIA

La Sangiovesa

Santarcangelo di Romagna

Auf den ersten Blick meint man in Disneyland zu sein, so perfekt ist dieser Laden durchgestylt. Bei näherem Hinsehen entdeckt man eine Fülle witziger Details, alle Gerichte der kleinen Karte sind exzellent zubereitet und die Dolci ein reines Vergnügen. Man sollte den ganzen Komplex erst einmal durchwandern, bevor man sich entscheidet, wo man essen möchte. Das Interieur ist von Fellinis Bühnenbildner Antonio Guerra gestaltet.

Hier kann man idealerweise mit einer größeren Truppe einfallen, auch die lokalen Produkte lassen sich gut einkaufen, allerdings teurer als im kleinen Alimentari. Am besten trinkt man den Sangiovese di Romagna, ein recht robuster Rotwein, aber trotzdem nicht zu verachten.

Osteria La Sangiovesa

Palazzo Nadiani

Piazza Simone Balacchi 14

47040 Santarcangelo di Romagna

Tel. 00 39 05 41 62 07 10

Öffnungszeiten: nur abends, Mo. geschl.

Preise: max. 20 DM

Parken: öffentl. Platz in 100 m Entfernung

Golf: Rimini Club

Pere al forno

Zutaten für 4 Personen

4 Birnen
1/4 l Rotwein
1/4 l Wasser
150 g Zucker
1/2 Stange Zimt
1 Zitronenschale
100 g Rosinen
50 g Backpflaumen

Gebackene Birnen

Die ungeschälten Birnen in einer Kasserolle mit Wasser, Zucker, Zimt und Zitronenschale zugedeckt in den auf 220° C vorgeheizten Backofen schieben. Nach ca. 15 Minuten die Zitronenschale entfernen, Backpflaumen, Rosinen und Rotwein dazugeben. Weitere 15 Minuten zugedeckt backen lassen.

Aus dem Backofen nehmen, auskühlen lassen und servieren.

DA

Tenuta Amalia
Villa Verucchio

Carolina Amalia von Brunswick (Braunschweig), Gattin Georgs IV. und zukünftige Königin von England, hielt es nach einem heftigen Krach nicht länger bei ihrem Gemahl aus und reiste nach Italien. Oktober 1814 in Mailand verliebte sie sich unsterblich in den arbeitslosen, aber bildschönen Bartolomeo Pergami, an sich nur angestellt als Scout und Dolmetscher. Kommt ja immer wieder in den besten Familien vor. Die beiden zogen durch die Lande und ließen sich dann schließlich in Villa Verucchio im herrlichen Valle Marecchia nieder. Sie kehrte 1819 nach England zurück und überließ ihrem Geliebten das Haus - zur Erinnerung nannte er es Tenuta Amalia. 1925 kaufte Alessandra Druda, berühmte Sängerin und Frau von Senator Teresio Borsalino, Erfinder des gleichnamigen Hutes, die Tenuta Amalia. Der Neffe, Dr. agr. Alessandro Savazzi, Grandsigneur und Eigner einer Rotte von Bastarden, hat die Tenuta zu ihrem heutigen Stand ausgebaut.

Le Case Rosse
Villa Verucchio

Das gute Landleben, hier kann man es genießen. Es gibt nur 6 Zimmer, alle liebevoll eingerichtet und komfortabel. Die Beschließerin serviert das Frühstück am Morgen auf der Terrasse neben der Driving Range. Kein Lärm, kein Autogestank, die Mille ist ganz weit weg, und wir gehen ausnahmsweise mal zu Fuß.

Auf der Tenuta gibt es neben dem Golfclub drei Restaurants, alle in Walking Distance. Die Lokale servieren 1. nur Fisch, 2. nur Geflügel und 3. nur dunkles Fleisch von nicht gefiedertem Getier. Am besten bleibt man 3 Tage, frißt sich durch die drei Restaurants, und zum Ausgleich: Rp. täglich 2mal 18 Loch oder ähnlich.

Hotel Le Case Rosse (Tenuta Amalia)

Via Tenuta Amalia 107

47040 Villa Verucchio

Tel. 00 39 05 41 67 81 23

Fax 00 39 05 41 67 81 23 oder 67 88 76

Öffnungszeiten: 10.11. - 10.12. und

10.1. - 10.3. geschlossen

Preise: 100 DM (DZ)

Parken: auf dem Hof

Golf: mittendrin

Al Pesce Azzurro

(Tenuta Amalia) Villa Verucchio

Das Ristorante Al Pesce Azzurro ist ein rustikales Fischlokal mit Holzdecke und großem Weinfaß. Wir raten dazu, sich von Silvana, der Wirtin, beraten zu lassen - dann fährt man am besten. Dieser Rat gilt in fast allen Restaurants Italiens, und je mehr man die Küche fordert und sich als Kenner und anspruchsvoller Gast erweist, desto besser ist im allgemeinen das Ergebnis.

Ristorante

Al Pesce Azzurro

Via Tenuta Amalia 47

47040 Villa Verucchio

Tel. 00 39 05 41 67 82 37

Öffnungszeiten:

Mittwoch geschlossen

Preise: 20 bis 30 DM

Parken: vor dem Haus

Bandnudeln mit Meeresfrüchten

Tagliatelle *allo scoglio*

Bandnudeln mit Meeresfrüchten

Zutaten für 4 Personen

- **400 g hausgemachte Bandnudeln**
- **200 g Venusmuscheln**
- **200 g Miesmuscheln**
- **4 Krabben**
- **4 Scampi**
- **4 Gambas**
- **1 Tintenfisch**
- **trockener Weißwein**
- **Olivenöl**
- **Petersilie, Chili, Knoblauch, Salz**

Die Meeresfrüchte mit Knoblauch in Olivenöl anbraten. Mit dem Weißwein ablöschen. Dann Chili zugeben und abschmecken.

Die Bandnudeln in Salzwasser kochen und mit den Meeresfrüchten in einer Pfanne schwenken.

Mit Petersilie bestreuen und auftragen.

304
K-E 6

´e Croin
(Tenuta Amalia) Villa Verucchio

Ristorante ´e Croin

Via Molino Bianco 1952

47040 Villa Verucchio

Tel. 00 39 05 41 67 00 94

Öffnungszeiten:

Montag geschlossen

Preise: 20 bis 30 DM

Parken: vor dem Haus

Hier verwöhnt Sie Signorina Tamagnini, deren Mama in der Küche die Rezepte ihrer Großmutter zubereitet. Es gibt hauptsächlich köstliche Geflügelspezialitäten.

Ravioli
con asparagi e noci

Ravioli mit Spargel und Walnüssen

Zutaten für 4 Personen

für die Ravioli 400 g Mehl
4 Eier

Mehl und Eier gut durchkneten und ruhen lassen.

für die Füllung 300 g Ricottakäse
300 g geriebener Parmesankäse
20 g Muskatnuß
geriebene Zitronenschale, Salz

Zutaten in eine Schale geben und gut vermengen. Die Hälfte des Teiges ausrollen, die Füllung in kleinen Häufchen darauflegen, mit der anderen Hälfte des ausgerollten Teiges zudecken und ausstechen.

für die Sauce 50 g Butter
250 g süße Sahne
8 geschälte Walnüsse
8 Stangen grüner Spargel

Die Butter und den in Stücke geschnittenen Spargel in eine Pfanne geben und erwärmen. Die Sahne und die halbierten Walnüsse zufügen, dann die in Salzwasser al dente gekochten Ravioli in die Pfanne geben und alles gut vermischen. Weiter köcheln bis die Sauce dickflüssig wird. Auftragen, und den geriebenen Parmesankäse separat servieren.

Ravioli mit Spargel und Walnüssen

Rò e Buni
(Tenuta Amalia) Villa Verucchio

Rò e Buni ist das Fleischrestaurant der Tenuta Amalia.

Hostaria Rò e Buni

Via Molino Bianco 697

47040 Villa Verucchio

Tel. 00 39 05 41 67 84 84

Öffnungszeiten:

Dienstag geschlossen

Preise: 20 bis 30 DM

Parken: vor dem Haus

Tagliatelle fresche al Ragù

Zutaten für 4 Personen

für die Bandnudeln 400 g Mehl

4 Eier

für die Sauce

300 g gehacktes Schweinefleisch

500 g geschälte Tomaten

1 EL Tomatenmark

1 Stange Bleichsellerie

2 Karotten

2 Zwiebeln

Salz

Hausgemachte Bandnudeln mit Fleischsauce

Mehl und Eier gut durchkneten und ruhen lassen. Den Teig ausrollen und in 5 mm-Streifen schneiden. Sellerie, Karotten und Zwiebeln fein hacken und in genügend Olivenöl anbraten. Hackfleisch zugeben und anbraten. Tomatenmark zufügen und kurz vermischen. Zum Schluß die geschälten Tomaten in den Topf geben, abschmecken und mindestens 2 Stunden bei schwacher Hitze köcheln lassen.

Nudeln in Salzwasser kochen, mit kaltem Wasser abschrecken, abtropfen, in einer Pfanne mit der Sauce schwenken und heiß servieren.

Hausgemachte Bandnudeln

SANTARCANGELO Osteria Sangiovese
VILLA VERUCCHIO
Tenuta Amalia
Case Rosse
Ristorante
Al Pesce-
Azzurro
*
URBINO
* Ristorante ´e Croin
Ristorante Ró e Buni
ACQUALAGNA
Ristorante La Ginestra
ANCONA
GUBBIO
Hotel Montegranelli
-Bosone
Taverna del Lupo
Ristorante La Fornace di Mastro Giorgio
PERUGIA
Osteria del Bartolo, Hotel Castello dell´Oscano
- Brufani
ASSISI
MARCHE
SPELLO
COLLEPINO Taverna S. Silvestro,Da Nando,
UMBRIA
TERNI
N
RIETI
Hotel Miramonti
Bistrot da Rita
LATIUM
0
50

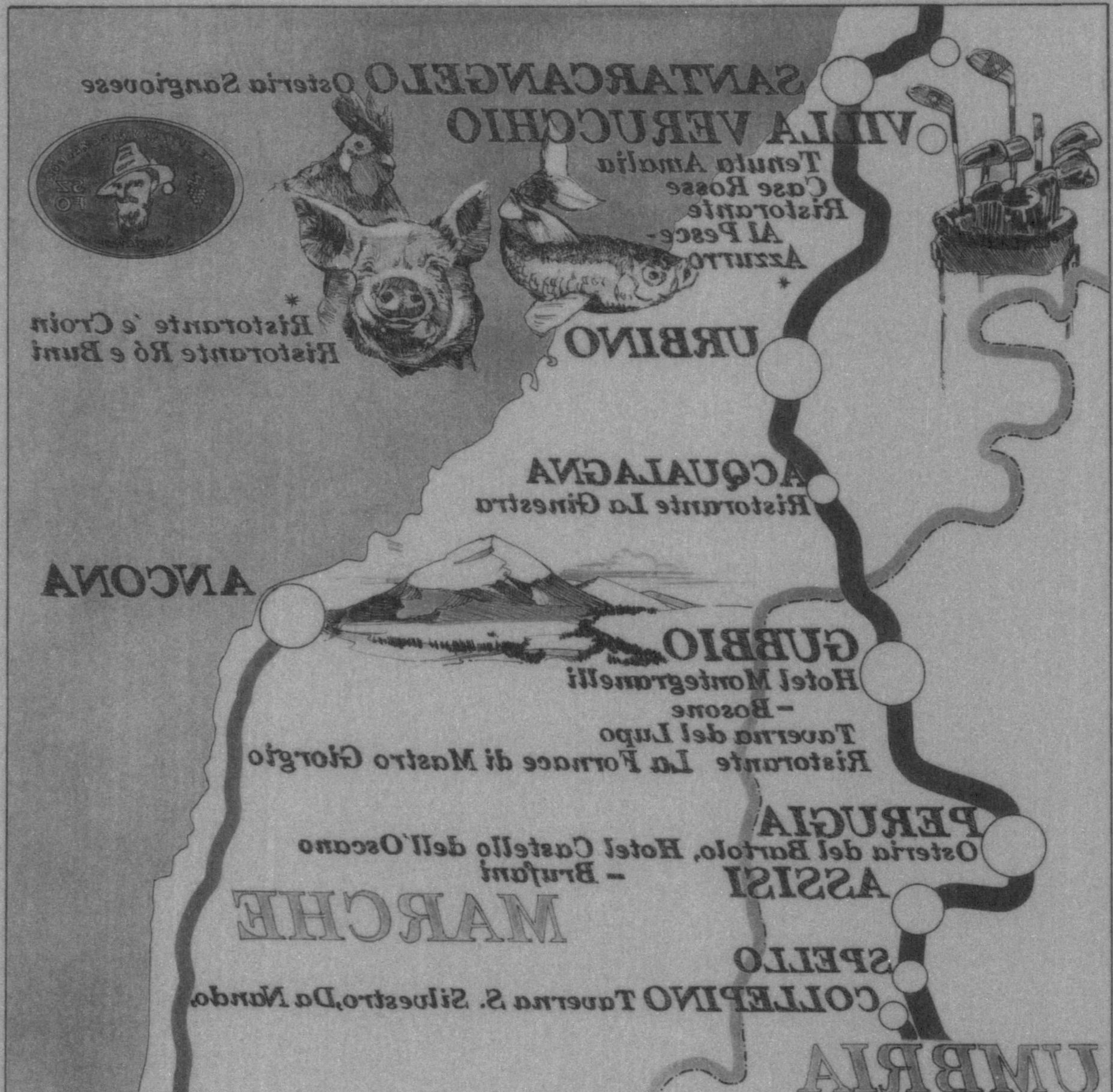

Aus der fruchtbaren Emilia Romagna wechseln wir jetzt in die Provinz Marche. Die Adriaküste dieser Region ist ein wahres Paradies für Fischfans, aber die Mille wendet sich bald ins Landesinnere, und hier wird es rauh und teilweise recht unwirtlich. Über Urbino fahren wir zur Golla del Furlo und dann nach Acqualagna. Hier treffen sich die Via Flaminia und die Verbindungsstraßen zwischen Pesaro und Umbrien oder der Toscana. Die Gegend ist berühmt für ihre Trüffel. Das ganze Jahr ist Trüffelsaison - der weiße Trüffel ist der Herbst- und Wintertrüffel, besonders schmackhaft und aromatisch. Es gibt auch einen schwarzen Wintertrüffel, der bis zum März geerntet wird. Kostet die Hälfte des weißen Trüffels. Ab Mai gibt es den schwarzen Sommertrüffel, Tartufo Estivo - er ist kleiner und nicht ganz so schmackhaft wie der weiße. Der schwarze Sommertrüffel kostet etwa ein Zehntel des Preises für den weißen Trüffel.

La Ginestra

Außen das italienische Äquivalent zur Schwarzwaldhütte und innen die entsprechende Version von Memphis, ist das La Ginestra ein Tempel des Trüffelgenusses. Im Ort gibt es mehrere Geschäfte, und Sie sollten die Gelegenheit zum Trüffelkauf nutzen, z.B. bei Tartufi Tofani oder bei Truffa Maria Gabriella.

Im Ginestra kann man auch übernachten, um dann am nächsten Tag die Trüffelschlemmerei fortzusetzen. Nico und Eliana Giacomel sind herzliche Gastgeber.

Ristorante La Ginestra
Passo del Furlo
61041 Acqualagna (Pesaro)
Tel. 00 39 07 21 79 70 33
Fax 00 39 07 21 70 00 40
Öffnungszeiten:
Montag und Januar geschlossen
Preise:
Trüffel sind auch hier nicht billig
Parken: vor dem Haus

Ravioli mit weißen Trüffeln

con tartufo bianco di Acqualagna
Ravioli di ricotta, zucca gialla e porcini

Zutaten für 4 Personen

Ravioli mit Ricotta, Kürbis und Steinpilzen mit weißen Trüffeln aus Acqualagna

für den Teig 400 g Mehl
4 Eier
200 g gehackter, roher Spinat

Mehl, Eier und Spinat, der zuvor in einem Tuch ausgewrungen wird, gut durchkneten und ruhenlassen.

für die Füllung
300 g frischer Ricotta
300 g gelber, vorgekochter Kürbis
2 Eier
25 g getrocknete Steinpilze

Steinpilze einweichen, den Kürbis pürieren. Alle Zutaten in eine Schale geben, gut vermengen und abschmecken.

Parmesankäse
weiße Trüffel
100 g Butter

Die Hälfte des Teiges dünn ausrollen, die Füllung in kleinen Häufchen darauflegen, mit der anderen Hälfte des ausgerollten Teiges zudecken und viereckig ausstechen.

Die in Salzwasser al dente gekochten Ravioli mit Butter und Parmesankäse in die Pfanne geben und alles gut vermischen. Die Trüffel darüberhobeln. Sehr heiß servieren.

Ravioli di ricotta, zucca gialla e porcini

con tartufo bianco di Acqualagna

Ravioli mit Ricotta, Kürbis und Steinpilzen mit weißen Trüffeln aus Acqualagna

Zutaten für 4 Personen

für den Teig
- **400 g Mehl**
- **4 Eier**
- **200 g gehackter, roher Spinat**

Mehl, Eier und Spinat, der zuvor in einem Tuch ausgewrungen wird, gut durchkneten und ruhenlassen.

für die Füllung
- **300 g frischer Ricotta**
- **300 g gelber, vorgekochter Kürbis**
- **2 Eier**
- **25 g getrocknete Steinpilze**

Steinpilze einweichen, den Kürbis pürieren. Alle Zutaten in eine Schale geben, gut vermengen und abschmecken.

- **Parmesankäse**
- **weiße Trüffel**
- **100 g Butter**

Die Hälfte des Teiges dünn ausrollen, die Füllung in kleinen Häufchen darauflegen, mit der anderen Hälfte des ausgerollten Teiges zudecken und viereckig ausstechen.

Die in Salzwasser al dente gekochten Ravioli mit Butter und Parmesankäse in die Pfanne geben und alles gut vermischen. Die Trüffel darüberhobeln. Sehr heiß servieren.

UFF 376

355

Villa Montegranelli
Gubbio

Ein großbäuerliches Gutshaus aus dem 18.Jh., ca 4 km von Gubbio entfernt mit herrlichem Blick auf die Stadt. Vor dem Haus liegt im Park ein Irrgarten, darunter die zypressengesäumte alte Auffahrt. Salvatore Mongelli führt das Haus mit leichter Hand - ein idealer Stützpunkt für Ausflüge in die Umgebung und um einige Tage zu relaxieren. Die Speisegewölbe im Untergeschoß stammen aus dem 13. Jh., die Küche verwöhnt mit lokalen Gerichten zu sehr zivilen Preisen.

Hotel und Ristorante

Villa Montegranelli

Loc. Monteluiano

06024 Gubbio

Tel. 00 39 07 59 22 01 85

Fax 00 39 07 59 27 33 72

Öffnungszeiten: immer

Hotelpreise: 200 bis 250 DM

Parken: vor dem Haus

Lammkarree

Risotto mantecato *con fegatelli*

Zutaten für 4 Personen

- 400 g Reis
- 50 g Hühnerleber
- 100 g gelber Kürbis
- 5 - 6 Blatt Salbei
- geriebener Parmesankäse
- 100 g Butter

Gebundener Risotto mit Hühnerleber

Den Kürbis und die Hühnerleber würfeln und mit 50 g Butter bei milder Hitze anbraten.

Den Reis in Fleischbrühe garen. Kürbis, Hühnerleber, Parmesankäse und Salbei mit dem Reis vermengen. Mit dem Rest der Butter binden. Den Risotto mit frischem Pfeffer bestreuen, mit ein paar Blättern Salbei garnieren und auftragen.

Medaglione di agnello *con salsa di rape rosse*

Zutaten für 4 Personen

- 500 g ausgelöstes Lammkarree
- 100 g Butter
- 100 g Zwiebeln
- 200 g Rote Rüben
- 200 g süße Sahne
- Salz und Pfeffer

Lammkarree mit einer Sauce aus Roten Rüben

Das Fleisch in Scheiben von ca. 120 g schneiden. Feingehackte Zwiebeln in Butter goldbraun anbraten. Die Fleischscheiben in Mehl wenden und in der Kasserolle bei milder Hitze von beiden Seiten je 2 Minuten anbraten. Die in dünne Streifen geschnittenen und vorgekochten Roten Rüben zufügen und weitere 2 Minuten braten. Am Schluß das Ganze mit Salz und Pfeffer würzen, mit Sahne übergießen und einkochen lassen.

Das Fleisch auf den Teller geben, mit der eigenen Sauce übergießen und heiß servieren. Als Beilage empfehlen wir Polenta.

Risotto mantecato
con fegatelli

Zutaten für 4 Personen

- 400 g Reis
- 50 g Hühnerleber
- 100 g gelber Kürbis
- 5 - 6 Blatt Salbei
- geriebener Parmesankäse
- 100 g Butter

Gebundener Risotto mit Hühnerleber

Den Kürbis und die Hühnerleber würfeln und mit 50 g Butter bei milder Hitze anbraten. Den Reis in Fleischbrühe garen. Kürbis, Hühnerleber, Parmesankäse und Salbei mit dem Reis vermengen. Mit dem Rest der Butter binden. Den Risotto mit frischem Pfeffer bestreuen, mit ein paar Blättern Salbei garnieren und auftragen.

Medaglione di agnello
con salsa di rape rosse

Zutaten für 4 Personen

- 500 g ausgelöstes Lammkarree
- 100 g Butter
- 100 g Zwiebeln
- 200 g Rote Rüben
- 200 g süße Sahne
- Salz und Pfeffer

Lammkarree mit einer Sauce aus Roten Rüben

Das Fleisch in Scheiben von ca. 120 g schneiden. Feingehackte Zwiebeln in Butter goldbraun anbraten. Die Fleischscheiben in Mehl wenden und in der Kasserolle bei milder Hitze von beiden Seiten je 2 Minuten anbraten. Die in dünne Streifen geschnittenen und vorgekochten Roten Rüben zufügen und weitere 2 Minuten braten. Am Schluß das Ganze mit Salz und Pfeffer würzen, mit Sahne übergießen und einkochen lassen.

Das Fleisch auf den Teller geben, mit der eigenen Sauce übergießen und heiß servieren. Als Beilage empfehlen wir Polenta.

BS · 88079

Bosone Palace
Gubbio

Das Gebiet, aus dem der Verdicchio kommt, haben wir links liegengelassen. Die Fahrt geht nach Gubbio, die am besten erhaltene mittelalterliche Stadt Italiens. Im Stadtkern liegt das Hotel Bosone Palace, wunderbar restauriert in dem Palast der gubbianischen Patrizierfamilie Raffaelli. Hier wohnt man zentral und komfortabel, wenn sich abends der Touristenrummel verzogen hat. Die Räume sind verschwenderisch dekoriert und ausgemalt.

Hotel Bosone Palace

Via XX Settembre 22

06024 Gubbio

Tel. 00 39 07 59 22 06 88

Fax 00 39 07 59 22 05 52

Öffnungszeiten: Mitte Januar bis Mitte Februar geschlossen

Preise: 200 bis 300 DM

Parken: Garage bestellen

Gubbio
Taverna del Lupo

Der schwarze Wolf von Gubbio, eine hübsche Geschichte, war wie üblich erst ein böser Wolf, wurde dann vom Saulus zum Paulus reduziert und später sogar Bruder des heiligen Franz von Assisi genannt.

In der Taverna wird eine kräftige lokale Küche geboten. Trüffel von Gubbio, Spanferkel und Kaninchen. Auch hier kocht wieder eine Frau, Aldina Grassini. In Italien gibt es erheblich mehr weibliche Chefs als bei uns. Hier spielt sicherlich das traditionelle Rollenspiel noch die erste Geige.

Taverna del Lupo

Via Ansidei 21

06024 Gubbio

Tel. 00 39 07 59 27 43 68

Fax 00 39 07 59 27 12 69

Öffnungszeiten:

Montag geschlossen

Preise: 20 bis 30 DM

Parken: außerhalb der Stadtmauern, aber sicher

Bandnudeln mit weißen Trüffeln

Tagliolini *con tartufo bianco di Gubbio*

Zutaten für 4 Personen

400 g Mehl

4 Eier

100 g Butter

60 g weiße Trüffel von Gubbio

Bandnudeln mit weißen Trüffeln aus Gubbio

Mehl und Eier gut durchkneten und ruhen lassen. Den Teig ausrollen, wenn keine Nudelmaschine vorhanden, diesen in 5 mm-Streifen schneiden. Pro 100 g Nudelteig 1 l gesalzenes Wasser zum Kochen bringen - ein Schuß Olivenöl verhindert das Zusammenkleben der Nudeln - und die Nudeln „al dente“ kochen. Mit kaltem Wasser abschrecken und abtropfen lassen.

In einer Pfanne die Butter erwärmen, Bandnudeln zugeben und mit etwas gehobelten Trüffeln einige Minuten schwenken.

Die Nudeln auf den Teller geben, Trüffel darüberhobeln und heiß auftragen.

E ADESSO... GANASCIONI COL VIN SANTO!
ODDIO! VUOLE I GANASCIONI! PRESTO! CORRI DALLE MONACHE!
SGNAK SGNAK!
GROINNNN..!
30·12·89

WN-L 300

alla Fornace di Mastro Giorgio
Gubbio

150 Meter weiter und um die Ecke liegt das Ristorante alla Fornace di Mastro Giorgio. Im tiefen Keller sitzen wir bei einem Glas voll Reben, in diesem Fall ein mittelalterlicher Gewölbekeller, und in der Ecke der Ofen, der dem Lokal seinen Namen gibt.

Der Koch betreibt eine phantasievolle Küche, und wenn er seinen guten Tag hat, tut er dies mit großem Erfolg.

Kaninchen- und Fenchelsalat

Ristorante

alla Fornace di Mastro Giorgio

Via Mastro Giorgio 2

06024 Gubbio

Tel. 00 39 07 59 27 57 40

Fax 00 39 07 59 22 04 01

Öffnungszeiten: Sonntag abends

und Montag geschlossen

Preise: 20 bis 30 DM

Parken: außerhalb der Stadtmauern,

aber sicher

con glassa di coniglio al tartufo
Insalata di coniglio e finocchi

Zutaten für 4 Personen

1 Kaninchen (ca. 1200 g)
2 Fenchel
Salz, Pfeffer
Olivenöl
Knoblauch und Rosmarin, feingehackt
1/2 l Rotwein
1/2 l Fleischbrühe
Kartoffelstärke
weiße Trüffel

Kaninchen- und Fenchelsalat mit Kaninchensud und Trüffeln

Das Kaninchen zerlegen und die beiden Keulen in Olivenöl und Knoblauch anbraten. Nach ca. 10 Minuten den längs in Scheiben geschnittenen Fenchel zugeben, mit Salz, Pfeffer und Rosmarin würzen und gar dünsten.

Für den Sud die übrigen Fleischstücke in einem weiteren Topf anbraten, mit Rotwein und Fleischbrühe übergießen und einkochen lassen. Das Fleisch herausnehmen, den Sud mit Kartoffelstärke binden. Die beiden Kaninchenkeulen entbeinen, das Fleisch in Streifen schneiden und auf die auf den Tellern drapierten Fenchelscheiben legen. Mit dem Bratensud übergießen und mit dünnen Trüffelscheiben garnieren und servieren.

Castello dell´Oscano
Perugia

Von Gubbio geht es an den trasimenischen Hügeln vorbei nach Perugia. Südlich von Perugia liegen die Colli Perugini und der Ort Torgiano, übrigens befinden wir uns jetzt schon im Zentrum Umbriens.
In Torgiano sollte man bei Lungarotti einkaufen, und zwar den Rubesco di Torgiano, auch der weiße Torgiano ist ein sehr erfreulicher Wein.
Zur Übernachtung in der Nähe von Perugia empfehlen wir Ihnen das Castello dell´Oscano. Es liegt im Osten nahe der Ausfallstraße nach Gubbio.
Ein Schloß aus dem 18. Jh. in perfektem Zustand mit makellosem Service, guter Küche und einem luxuriösen, aber zwanglosen Ambiente. Besonders reizvoll wohnt man im Turmzimmer mit Blick über das Tal.

Hotel

Castello dell'Oscano

06134 Cenerente, Perugia

Tel. 00 39 0 75 69 01 25

Fax 00 39 0 75 69 06 66

Preise: 200 bis 300 DM (DZ)

günstige 3-Tage-Arrangements

Öffnungszeiten: immer

Parken: auf dem Hof

Osteria del Bartolo
Perugia

Dunkler Eingang, finstere Passage und dann noch rechts in die Tiefe - hier empfängt den Gast Signore Walter Passeri, der die klassische altumbrische Küche kocht. Im Bartolo wird die Butter selber gemacht, das Brot selber gebacken, und das älteste Gericht ist Bottaccio aus dem 17. Jh., besonders pikant durch die Pecorino-haube. Lassen Sie sich von Walter Passeri beraten, und trinken Sie unbedingt den roten Arcquata.
Die Bedienung ist vorzüglich, und ehe man sich's versieht, ist Mitternacht - man vergißt hier völlig die Zeit.

Bottaccio

Osteria del Bartolo

Via Bartolo 30, 06100 Perugia

Tel. 00 39 07 55 73 15 61

Preise: 20 bis 30 DM

Öffnungszeiten:

Sonntag und Januar geschlossen

Parken: schwierig, am besten

auf der Straße in der Nähe,

nachts wird nicht abgeschleppt

Piatto umbro del `600

Bottaccio

Zutaten für 4 Personen

500 g hartes Brot
250 g Hackfleisch vom Schwein
500 g Wirsingkohl
150 g alter Pecorino
1/2 l Milch
150 g frischer Pecorino

Bottaccio, umbrisches Gericht vom 17. Jh.

Das 2 - 3 Tage alte Brot in Scheiben schneiden. Die mit Milch durchtränkten Scheiben in eine Auflaufform legen und mit blanchierten Wirsingkohlblättern, Hackfleisch und mit einer Schicht altem Pecorino bedecken. Diese Prozedur mit einer zweiten Schicht wiederholen. Obendrauf frischen Pecorino reiben und in den auf 250° C vorgeheizten Backofen schieben. 18 - 20 Minuten garen. Heiß auftragen.

354
LAU-A 35
354

212

Perugia

Hotel Brufani

In imposanter Lage mit herrlichem Blick in das Tal liegt das Hotel Brufani im historischen Zentrum Perugias. Das Haus ist seit mehr als 100 Jahren ein Hotelbetrieb, mit kostbaren Antiquitäten eingerichtet und bietet allen Komfort.

Es gibt nur 24 Zimmer, daher muß unbedingt rechtzeitig reserviert werden.

Hotel Brufani

Piazza Italia 12

06100 Perugia

Tel. 00 39 07 55 73 25 41

Fax 00 39 07 55 72 02 10

Öffnungszeiten: immer

Preise: 250 bis 350 DM (DZ)

Parken: Garage reservieren, sonst vor dem Haus

La Taverna S. Silvestro, Da Nando

Collepino di Spello

Rocciata

Salsa San Silvestro

Hier in Collepino di Spello hat die italienische Variante des grünen Planes voll getroffen. Das Örtchen wirkt wie aus dem Ei gepellt, dabei herrscht hier himmlische Ruhe. Mittendrin liegt die Taverna, und in der Küche wirkt Francesca Angelini. Sie sollten sich unbedingt von ihr beraten lassen - dann tischt sie die unglaublichsten Pilzgerichte auf, von denen keines auf der Karte steht. Denn Pilze sind Francescas Hobby, und es ist noch kein Gast daran eingegangen. März/April gibt es hier auch grünen Spargel. Sensationell ist der hausgemachte Strudel (Rocciata), den wir Ihnen mit den Mengen zur Bereitung von einem halben Meter Strudel vorstellen. Die Salsa San Silvestro ist eine ungewöhnlich gehaltvolle Nudelsauce.

La Taverna S. Silvestro, Da Nando

Via Collepino 14

06100 Collepino di Spello

Tel. 00 39 07 42 65 12 03

Fax 00 39 07 42 65 12 03

Öffnungszeiten: von Oktober bis April

am Donnerstag geschlossen, sonst immer offen

Preise: 25 bis 30 DM

Parken: auf dem Dorfplatz

Rocciata

Zutaten für 4 Personen (1/2 Meter)

für den Teig 250 g Mehl
1 Ei
3 EL Olivenöl
je 1 Prise Salz und Zucker

für die Füllung 1 Banane
2 Äpfel, 2 Birnen
je 100 g Sultaninen, getrocknete Feigen, Mandeln, Pinienkerne, Haselnüsse
25 g bitterer Kakao
5 g Zimt
1/2 geriebene Zitronenschale
1 TL Olivenöl
1 TL Brandy
500 g Erdbeermarmelade

Rocciata

Die Zutaten gut vermischen bis ein geschmeidiger Teig entsteht. Mit der Hand auf einem mehlbestäubten Brett ausbreiten.

Das Obst in feinste Würfel schneiden, die restlichen Zutaten kleinhacken und mit den übrigen Ingredienzien gut vermischen. Die Masse auf den Teig geben und zusammenrollen. Auf Alufolie mit viel Mehl legen und im Umluftherd ca. 20 Minuten bei 150° C backen.

Salsa San Silvestro

Zutaten für 4 Personen

2 Zwiebeln
100 g rohe Schinkenstückchen
500 g Zucchini
500 g gemischte Pilze
100 ml Weißwein
150 ml Olivenöl
4 EL Mascarpone
Parmesan
Salz

Salsa San Silvestro

Die Zwiebeln kleinhacken und mit dem Schinken und Olivenöl ca. 7 Minuten köcheln. Die Zucchini in kleine Stückchen, die Pilze in mittelgroße Stücke schneiden, dazugeben, salzen und weitere 20 Minuten auf kleiner Flamme köcheln. Weißwein zugeben, und noch 10 Minuten durchschmoren.

Pro Portion Nudeln 1 El Mascarpone dazugeben, gut durchmischen und am besten zu Papardelle servieren. Geriebenen Parmesan drübergeben.

Rocciata

<u>Zutaten für 4 Personen (1/2 Meter)</u>

<u>für den Teig</u> 250 g Mehl

1 Ei

3 EL Olivenöl

je 1 Prise Salz und Zucker

<u>für die Füllung</u> 1 Banane

2 Äpfel, 2 Birnen

je 100 g Sultaninen, getrocknete

Feigen, Mandeln,

Pinienkerne, Haselnüsse

25 g bitterer Kakao

5 g Zimt

1/2 geriebene Zitronenschale

1 TL Olivenöl

1 TL Brandy

500 g Erdbeermarmelade

Rocciata

Die Zutaten gut vermischen bis ein geschmeidiger Teig entsteht. Mit der Hand auf einem mehlbestäubten Brett ausbreiten.

Das Obst in feinste Würfel schneiden, die restlichen Zutaten kleinhacken und mit den übrigen Ingredienzien gut vermischen. Die Masse auf den Teig geben und zusammenrollen. Auf Alufolie mit viel Mehl legen und im Umluftherd ca. 20 Minuten bei 150° C backen.

Salsa San Silvestro

<u>Zutaten für 4 Personen</u>

2 Zwiebeln

100 g rohe Schinkenstückchen

500 g Zucchini

500 g gemischte Pilze

100 ml Weißwein

150 ml Olivenöl

4 EL Mascarpone

Parmesan

Salz

Salsa San Silvestro

Die Zwiebeln kleinhacken und mit dem Schinken und Olivenöl ca. 7 Minuten köcheln. Die Zucchini in kleine Stückchen, die Pilze in mittelgroße Stücke schneiden, dazugeben, salzen und weitere 20 Minuten auf kleiner Flamme köcheln. Weißwein zugeben, und noch 10 Minuten durchschmoren.

Pro Portion Nudeln 1 El Mascarpone dazugeben, gut durchmischen und am besten zu Papardelle servieren. Geriebenen Parmesan drübergeben.

Mittlerweile sind wir weit im Süden, in Lazio (Latium), hier wird die Luft schon dünner, und der zweite Tag der Mille geht seinem Ende entgegen. Der erste Wagen wird offiziell um 20.30 h in Rom eintreffen, die Raser sind natürlich schon viel früher da, oder auch später, wenn sie ein ausgiebiges Mittagsmahl genossen haben.

In Rieti findet sich der Umbilicus Italiae, der Nabel Italiens. Von hier aus ist es zu allen Enden der Republik ungefähr gleich weit.

Miramonti
Rieti

In Rieti bietet sich das Hotel Miramonti zur Übernachtung an. Das Haus ist auf römischen Grundmauern aus dem 3. Jh. erbaut, hat 30 Zimmer mit allem Komfort und das Restaurant Da Checco al Calice d'Oro.

Hotel Miramonti

Piazza Oberdan 7, 02100 Rieti

Tel. 00 39 07 46 20 13 33

Öffnungszeiten: Hotel immer, Restaurant Montag und Juli geschl.

Preise: 170 bis 200 DM (DZ)

Parken: Garage und vor dem Haus

Golf: Marco Simone Golf Club, 17 km vor Rom, 18 Loch

Bistrot da Rita
Rieti

Wirklich witzig ißt man in Rieti im Bistrot da Rita. Die quirlige rote Rita, oder besser Signora Rita Galassetti, hat hier eine richtig süße Kneipe auf die Beine gestellt mit einer anständigen Weinkarte. Auf die Speisekarte muß man verzichten, die Gerichte wechseln beinahe täglich. Lassen Sie sich beraten! Wenn es der Chefin mal zuviel wird, wirft sie sich in den 911er und macht eine heiße Runde durch die Berge.

Bistrot da Rita

Piazza S. Rufo 25

02100 Rieti

Tel. 00 39 07 46 49 87 98

Öffnungszeiten:

Sonntag und Montag mittags geschlossen

Preise: 20 bis 30 DM

Parken: 200 m entfernt

Seeteufel mit Auberginen

con melanzane e finocchio selvatico
Pescatrice

Zutaten für 4 Personen	Seeteufel mit Auberginen und Wildfenchel
800 g Seeteufel	
2 mittelgroße Auberginen	
100 g durchwachsener Speck	
2 TL Wildfenchelkerne	
1 Knoblauchzehe	
100 g Olivenöl	
50 g Butter	
8 Cherry-Tomaten	
1/4 l Weißwein	
8 Basilikumblätter	
Salz, Pfeffer, Mehl	

Seeteufel enthäuten und in acht gleiche Scheiben schneiden. In Mehl wenden, abklopfen, salzen und pfeffern. Die Fischscheiben in der mit 50 g Olivenöl und Butter erhitzten Pfanne goldbraun anbraten. Die Scheiben beiseite legen und warmstellen. In der noch heißen Pfanne den gewürfelten Speck mit dem zerdrückten Knoblauch anbraten und dann mit Weißwein ablöschen, die Fenchelkerne dazugeben und 5 Minuten köcheln lassen.

Das restliche Olivenöl in eine andere Pfanne geben und darin die klein-gewürfelten Auberginen bei großer Hitze anbraten. Sobald sie goldfarben sind aus der Pfanne nehmen und abtropfen lassen. Mit den halbierten Cherry-Tomaten zum Speck geben, noch 5 Minuten köcheln lassen und mit Salz und Pfeffer abschmecken.

Die Auberginenmischung auf die Teller verteilen und den Fisch darauflegen, mit Basilikumblättern dekorieren.

Pescatrice

con melanzane e finocchio selvatico

Zutaten für 4 Personen

- **800 g Seeteufel**
- **2 mittelgroße Auberginen**
- **100 g durchwachsener Speck**
- **2 TL Wildfenchelkerne**
- **1 Knoblauchzehe**
- **100 g Olivenöl**
- **50 g Butter**
- **8 Cherry-Tomaten**
- **1/4 l Weißwein**
- **8 Basilikumblätter**
- **Salz, Pfeffer, Mehl**

Seeteufel mit Auberginen und Wildfenchel

Seeteufel enthäuten und in acht gleiche Scheiben schneiden. In Mehl wenden, abklopfen, salzen und pfeffern. Die Fischscheiben in der mit 50 g Olivenöl und Butter erhitzten Pfanne goldbraun anbraten. Die Scheiben beiseite legen und warmstellen. In der noch heißen Pfanne den gewürfelten Speck mit dem zerdrückten Knoblauch anbraten und dann mit Weißwein ablöschen, die Fenchelkerne dazugeben und 5 Minuten köcheln lassen. Das restliche Olivenöl in eine andere Pfanne geben und darin die klein-gewürfelten Auberginen bei großer Hitze anbraten. Sobald sie goldfarben sind aus der Pfanne nehmen und abtropfen lassen. Mit den halbierten Cherry-Tomaten zum Speck geben, noch 5 Minuten köcheln lassen und mit Salz und Pfeffer abschmecken.

Die Auberginenmischung auf die Teller verteilen und den Fisch darauflegen, mit Basilikumblättern dekorieren.

ALFA ROMEO
MILANO
Alfa Romeo

Am Ende des zweiten Tages trudeln die „Überlebenden" in Rom ein. Ein riesiger Parkplatz ist in gleißendes Flutlicht getaucht, Tausende von Zuschauern säumen die Anfahrten, wer muß, hat jetzt ein wenig Zeit zum Schrauben. Hat er Pech, wird die Nacht sehr kurz, denn der erste Wagen startet am Samstag schon um 6.30 Uhr. Ein üppiges Buffet, ein heißes Bad, und dann die müden Glieder in ein weiches Bett - komfortabel sind die meisten alten Autos nicht gerade.

ZH·48352

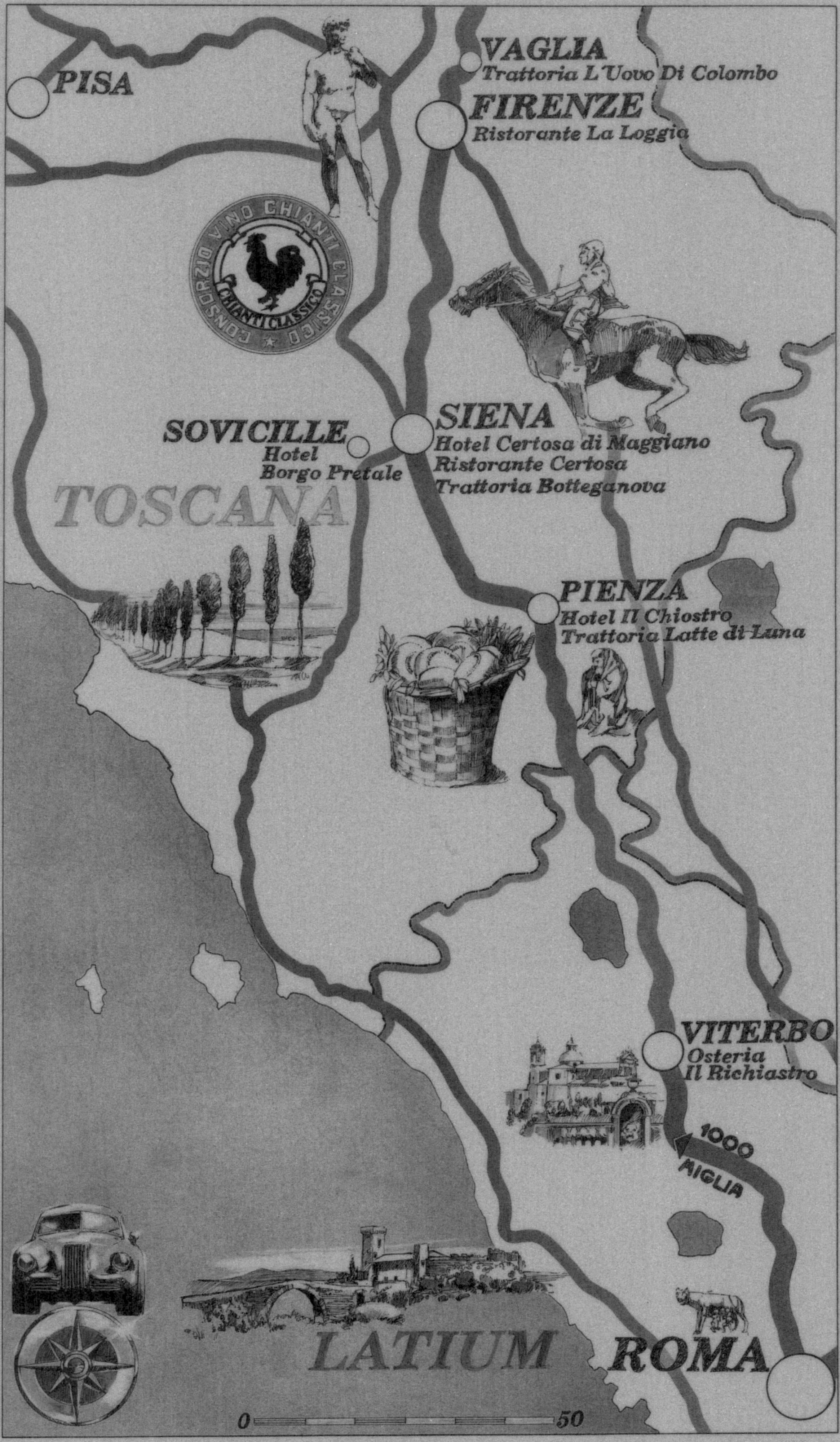
PISA
VAGLIA
Trattoria L'Uovo Di Colombo
FIRENZE
Ristorante La Loggia
CONSORZIO VINO CHIANTI CLASSICO
CHIANTI CLASSICO
SOVICILLE
Hotel
Borgo Pretale
SIENA
Hotel Certosa di Maggiano
Ristorante Certosa
Trattoria Botteganova
TOSCANA
PIENZA
Hotel Il Chiostro
Trattoria Latte di Luna
VITERBO
Osteria
Il Richiastro
1000
MIGLIA
LATIUM
ROMA
0
50

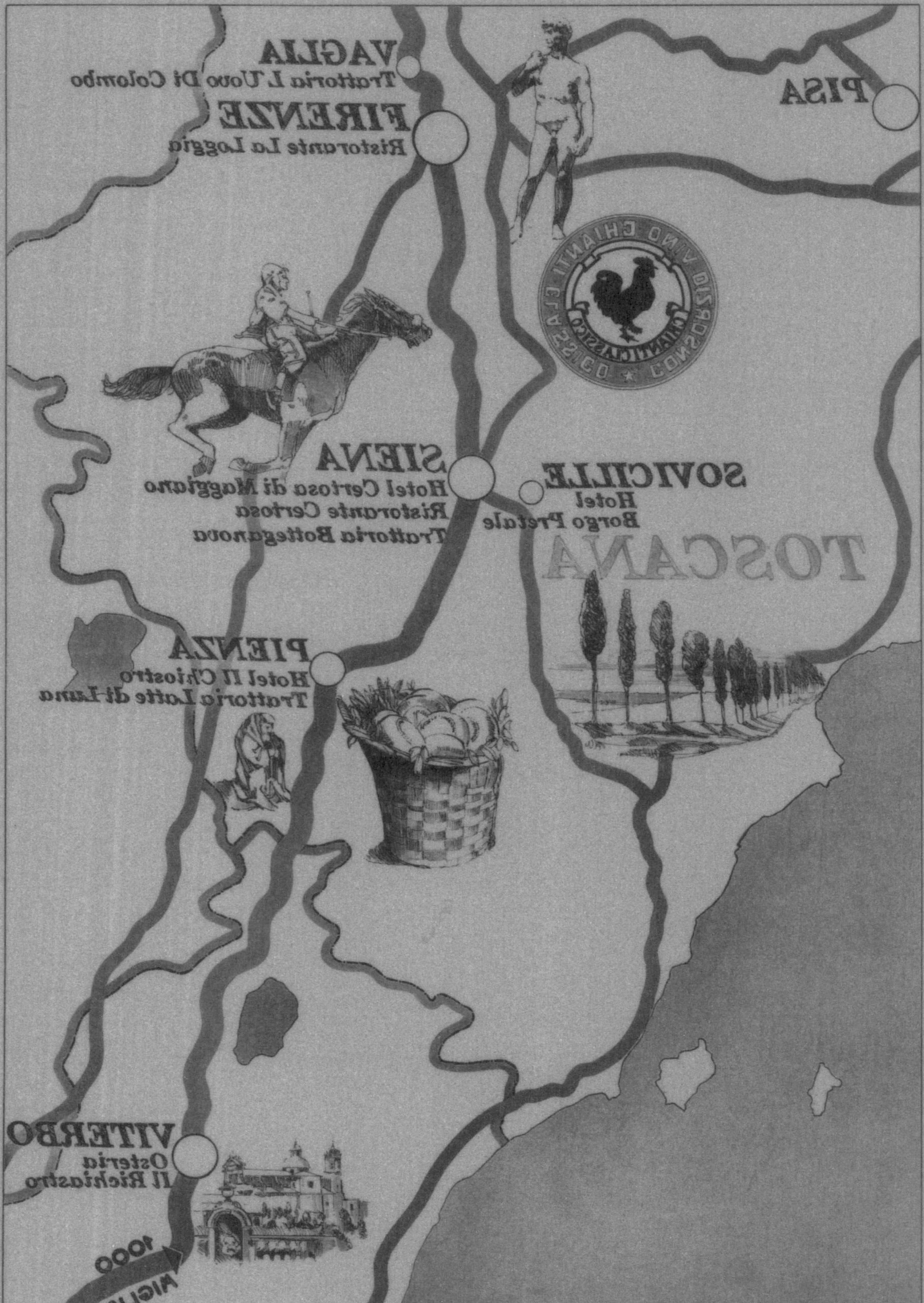

FIN ECO Leasing
333
BIPOP

Il Richiastro *Viterbo*

Taverna Il Richiastro
Via della Marrocca 16, 01100 Viterbo
Tel. 00 39 07 61 22 80 09
Öffnungszeiten:
Montag, Dienstag, Mittwoch und
Sonntag mittags geschlossen
Preise: 8 bis 18 DM
Parken:
außerhalb der Stadtmauer, bewacht

Rom haben wir ja ausgespart, und von Rieti ist es nicht weit über Terni nach Viterbo. Von einer vollkommen erhaltenen Stadtmauer umgeben, ist das Zentrum Viterbos eine vom Verkehr umbrauste Oase der Ruhe. Wir kehren im Il Richiastro ein. Innen mit dem Charakter einer Taverne mit großem Kamin, außen ein kleiner Garten, in dem auch im Sommer serviert wird. Probieren Sie unbedingt die Salsine con Pane caldo oder die Assagi di 4 Zuppe, umfangreiche und köstliche Vorspeisenvariationen. Von Donnerstag bis Sonntag ist geöffnet, da die Wirtin, Giovanna Scappucci, an den anderen Tagen an der Hochschule für bildende Künste Vorlesungen hält.

Aqua cotta di punte di zucca

Zutaten für 4 Personen

8 Zucchiniblüten mit Stengel, kleingeschnitten

1/2 Knoblauchzehe

Olivenöl

2 Sardellen

2 Mettwürste

Chili

Salz

Zucchiniblütensuppe

Knoblauch in Olivenöl bräunen. Die kleingehackten Sardellen, Mettwurst und die Zucchini zufügen und ca. 10 Minuten anbraten. Mit Salz und Chili abschmecken. Mit der gewünschten Wassermenge übergießen und ca. 1 Stunde köcheln lassen.

Ein rohes Ei in die Suppentasse geben, mit Suppe auffüllen und heiß servieren.

Aqua cotta di punte di zucca

Zucchiniblütensuppe

<u>**Zutaten für 4 Personen**</u>

8 Zucchiniblüten mit Stengel, kleingeschnitten
1/2 Knoblauchzehe
Olivenöl
2 Sardellen
2 Mettwürste
Chili
Salz

Knoblauch in Olivenöl bräunen. Die kleingebackten Sardellen, Mettwurst und die Zucchini zufügen und ca. 10 Minuten anbraten. Mit Salz und Chili abschmecken. Mit der gewünschten Wassermenge übergießen und ca. 1 Stunde köcheln lassen.

Ein rohes Ei in die Suppentasse geben, mit Suppe auffüllen und heiß servieren.

79
BIPOP
FIN-ECO Leasing
115
BIPOP

Il Chiostro di Pienza
Pienza

Auf der Fahrt nach Pienza im nördlichsten Zipfel Lazios liegt zur linken der Lago Bolsena mit dem berühmten Weißwein Est!Est!!Est!!! aus Montefiascone, der keineswegs ein Fiasko ist, und zur rechten Orvieto, dann etwas weiter nördlich Orvieto classico. Wir überschreiten die unsichtbare Grenze zur Toskana und fahren durch das Stadttor von Pienza. Papst Pius der Zweite vom Clan der Piccolomini ließ diesen Ort vom Architekten Gambarelli planen und erbauen.

Nach 200 Metern liegt auf der rechten Seite eine kleine Bar und daneben der Eingang zum Hotel. Schnell hinein und den Wagen ausgeladen und außerhalb der Stadtmauern geparkt, am besten hinter dem Hotel, d.h. nach der Dorfausfahrt rechts.

Rüdesheim am Rhein - doch wenn die Busse die letzten Massentouristen weggekarrt haben, kehrt hier herrliche Ruhe ein, und Sie können den Ort in Ruhe genießen. Die Einheimischen sitzen wieder auf der Straße vor ihren Häusern und palavern wie überall in Italien, und die Welt ist wieder in Ordnung.

Hotel Il Chiostro di Pienza
Corso Rosselino 26
53026 Pienza
Tel. 00 39 05 78 74 84 00
Fax 00 39 05 78 74 84 40
Preise: 170 bis 220 DM (DZ)
Öffnungszeiten: 10. Januar bis 10. Februar geschlossen
Parken: außerhalb der Mauern
Golf:
ca. 45 Min. - Panicale, bei Chiusi, Golfclub Lamborghini

Noch bis 1991 war dieses Haus ein Franziskanerkloster, das dann wg. Nachwuchsproblemen geschlossen und einer lukrativeren Bestimmung zugeführt wurde. Einige Zimmer haben noch etwas von einer Klause, aber die Aufenthaltsräume, der ruhige Garten mit Pool und das Restaurant befriedigen auch gehobenere Ansprüche.

Spätabends sind alle Läden einschließlich der Hotelbar geschlossen. Wir raten dringend, rechtzeitig Rotweinvorräte anzulegen.

Latte di Luna
Pienza

Trattoria Latte di Luna

Via S. Carlo 2/4

53026 Pienza

Tel. 00 39 05 78 74 86 06

Öffnungszeiten:

Dienstag geschlossen

Preise: 20 bis 30 DM

Parken: außerhalb der Stadtmauern

Am Ende der Hauptstraße zur Linken liegt die Trattoria Latte di Luna. Die Inhaberinnen, zwei Schwestern, schuften in der Küche, die Söhne servieren. Hier gibt es eine sehr erfreuliche, ursprüngliche und bodenständige Küche. Unter dem Lokal wird Mondstein, ein selenitisches Kristall, gefunden, daher der Name Latte di Luna, was an sich Mondmilch heißt. Auf der kleinen Terrasse sitzt man schön im Freien, und selbst mittags ist der Rummel fern. Dennoch empfiehlt es sich unbedingt vorher einen Tisch zu reservieren.

Brotsuppe

Zuppa di Pane

Zutaten für 4 Personen

200 g kleine weiße Bohnen
2 Stangen Bleichsellerie
2 Kartoffeln
2 Karotten
1 Zwiebel
500 g frische oder geschälte Tomaten
Olivenöl, Salz, Chili
4 Brotscheiben

Brotsuppe

Zwiebel und Chili in Olivenöl anbraten. Alle Gemüse kleinwürfeln, zugeben und dünsten. Die Tomaten und die vorgekochten Bohnen zufügen, mit 1/2 l Wasser auffüllen, und das Ganze für mindestens 3 Stunden köcheln lassen und würzen.

Brotscheiben rösten, auf Teller legen, die heiße Suppe übergießen und auftragen.

E SK 1929

Auf der Strecke nach Siena durchqueren wir die erste Region des Chianti. Erst seit den siebziger Jahren sind die Weine dieser Gegend weltbekannt geworden. Einmal der mittlerweile berühmte und wuchtige Brunello di Montalcino im Westen und im Osten der Region der Vino Nobile di Montepulciano. Beide Weine brauchen einige Jahre, bis sie etwas von ihrer jugendlich herben Härte verloren haben.

Siena
Certosa di Maggiano

Am südlichen Ende der Colli Senesi liegt Siena. Hier geht die Mille mitten durch die Stadt und über den Piazza del Campo, auf dem auch das bekannte Pferderennen, der Palio, stattfindet. Vor den Toren von Siena liegt eines der schönsten Hotels Italiens, die Certosa di Maggiano. Ursprünglich ein Kartäuserkloster aus dem 14. Jh., wurde sie nach 450 Jahren Klosterdaseins von Großfürst Leopold enteignet und einer weltlichen privaten Nutzung zugeführt.

Ende der 60er Jahre erwarb die Familie des Herzchirurgen Prof.Grossi

das Anwesen, baute einen Flügel als Privatteil um und machte den Rest zum Hotel. Die klare ursprüngliche Architektur wurde aus dem Gewirr der Jahrhunderte herausgeschält und wiederhergestellt. Das Gebäude bietet herrliche Räume, einen großen, gepflasterten Innenhof mit Brunnen und eine Vielzahl von glänzend dekorierten Räumen und Appartements. Ein großer Garten mit Pool schließt sich an. In einer zwanglosen Atmosphäre fühlt man sich bald zu Hause und unauffällig umhegt und umsorgt. Die Tochter der Familie, Margherita Grossi, ist General Manager und kümmert sich auch um die Marmeladen, Öl- und Weinproduktion, immerhin 15000 Flaschen Roter und 10000 Flaschen Weißer werden hier hergestellt. Die Karte im hervorragenden Restaurant wechselt monatlich, und zu Trinken gibt es nur italienische Weine.

Hotel + Ristorante Certosa di Maggiano

Via Certosa 82

53100 Siena

Tel. 00 39 05 77 28 81 80

Fax 00 39 05 77 28 81 89

Öffnungszeiten: immer

Preise: 400 bis 800 DM (DZ)

Parken: vor dem Haus oder Garage

Golf: Castell Falfi bei San Gimigniano, ca. 45 Min.

Entenbrust mit Brombeeren

Petti d´anatra
con more selvatiche in Chianti Classico

Entenbrust mit Brombeeren und Chianti Classico

Zutaten für 4 Personen

- 2 Entenbrustfilets à ca. 300 g
- 150 g Brombeeren
- Olivenöl
- 2 Gläser Chianti Classico
- Salz, Pfeffer

Die Entenbrustfilets mit Salz und Pfeffer würzen. Das Olivenöl erhitzen, dann die Entenbrust mit der Haut nach unten in den Bräter legen und erst auf dieser, dann auf der anderen Seite anbräunen lassen. Das Öl abgießen und nun die Brombeeren und schließlich den Rotwein hinzufügen. Das Ganze für etwa 10 Minuten bei ca. 200° C im Ofen garen. Dann die Entenbrust herausnehmen, in dünne Scheiben schneiden und fächerförmig auf den Tellern anrichten. Mit dem Sud aus Wein und Brombeeren, der sich in der Pfanne gebildet hat, übergießen. Mit Beilage nach Wahl servieren.

Lupo di mare in crosta di patate
con crema di zucchini

Wolfbarschfilet in Kartoffelkruste mit Zucchinicreme

Zutaten für 4 Personen

- 4 Wolfbarschfilets
- 2 große Kartoffeln
- 2 Eiweiß
- Olivenöl
- Salz, Pfeffer

Die Kartoffeln in feine Streifen schneiden, in einer Schüssel mit dem Eiweiß mischen und mit Salz und Pfeffer abschmecken. In einer Pfanne mit reichlich Olivenöl die Kartoffelmasse länglich verteilen, das Fischfilet darauflegen und anbraten. Wenn die Kartoffeln goldbraun sind, den Fisch aus der Pfanne nehmen und wieder mit der Kartoffelseite nach unten auf ein gefettetes Backblech legen. Ca. 7 Minuten in den auf 200° C vorgeheizten Backofen stellen.

für die Creme

- 3 Zucchini
- 1 Schalottenzwiebel
- 1/2 l Gemüsebrühe
- Olivenöl
- Salz, Pfeffer

Die in kleine Stücke geschnittenen Zucchini und die gehackte Schalottenzwiebel in Olivenöl anbraten. Die Gemüsebrühe hinzufügen und ca. 10 Minuten kochen lassen. Dann passieren und mit Salz und Pfeffer abschmecken. Die Sauce kreisförmig auf den Tellern verteilen, und die Fischfilets mit der Kartoffelkruste nach oben anrichten, nach Wunsch dekorieren.

Petti d'anatra
con more selvatiche in Chianti Classico

Zutaten für 4 Personen

- 2 Entenbrustfilets à ca. 300 g
- 150 g Brombeeren
- Olivenöl
- 2 Gläser Chianti Classico
- Salz, Pfeffer

Entenbrust mit Brombeeren und Chianti Classico

Die Entenbrustfilets mit Salz und Pfeffer würzen. Das Olivenöl erhitzen, dann die Entenbrust mit der Haut nach unten in den Bräter legen und erst auf dieser, dann auf der anderen Seite anbräunen lassen. Das Öl abgießen und nun die Brombeeren und schließlich den Rotwein hinzufügen. Das Ganze für etwa 10 Minuten bei ca. 200° C im Ofen garen. Dann die Entenbrust herausnehmen, in dünne Scheiben schneiden und fächerförmig auf den Tellern anrichten. Mit dem Sud aus Wein und Brombeeren, der sich in der Pfanne gebildet hat, übergießen. Mit Beilage nach Wahl servieren.

Lupo di mare in crosta di patate
con crema di zucchini

Zutaten für 4 Personen

- 4 Wolfbarschfilets
- 2 große Kartoffeln
- 2 Eiweiß
- Olivenöl
- Salz, Pfeffer

Wolfbarschfilet in Kartoffelkruste mit Zucchinicreme

Die Kartoffeln in feine Streifen schneiden, in einer Schüssel mit dem Eiweiß mischen und mit Salz und Pfeffer abschmecken. In einer Pfanne mit reichlich Olivenöl die Kartoffelmasse länglich verteilen, das Fischfilet darauflegen und anbraten. Wenn die Kartoffeln goldbraun sind, den Fisch aus der Pfanne nehmen und wieder mit der Kartoffelseite nach unten auf ein gefettetes Backblech legen. Ca. 7 Minuten in den auf 200° C vorgeheizten Backofen stellen.

für die Creme

- 3 Zucchini
- 1 Schalottenzwiebel
- 1/2 l Gemüsebrühe
- Olivenöl
- Salz, Pfeffer

Die in kleine Stücke geschnittenen Zucchini und die gehackte Schalottenzwiebel in Olivenöl anbraten. Die Gemüsebrühe hinzufügen und ca. 10 Minuten kochen lassen. Dann passieren und mit Salz und Pfeffer abschmecken. Die Sauce kreisförmig auf den Tellern verteilen, und die Fischfilets mit der Kartoffelkruste nach oben anrichten, nach Wunsch dekorieren.

FIN ECO
1
BIPOP

Antica Trattoria Botteganova
Siena

Von außen eine unscheinbare Kneipe, innen alte Mauern und ein schönes Tonnengewölbe. Hier kocht furios und fantasievoll Michele Sorrentino. Es gelingt ihm, die typischen, deftigen Gerichte der Region zu äußerst schmackhaften Kochkunstwerken zu verfremden und dennoch bodenständig zu bleiben. Ein Hochgenuß, der ihm einen Platz in der Riege der bedeutenden jungen Köche Italiens zu Recht verschafft hat. Als Maître d' fungiert Micheles Partner Guido Bellotti, und Sie sollten ihm die Weinempfehlung überlassen. Er wird Sie angenehm überrraschen mit lokalen Weinen mit bestem Preis/Leistungsverhältnis, die Sie vielleicht noch nicht kennen. Das Restaurant ist immer ausgebucht, und es empfiehlt sich daher unbedingt, rechtzeitig zu reservieren.

Ricottatörtchen

Antica Trattoria Botteganova

Strada Chiantigiano 29

53100 Siena

Tel. 00 39 05 77 28 42 30

Fax 00 39 05 77 27 15 19

Öffnungszeiten: Montag geschlossen

Preise: ca. 30 DM

Parken: gegenüber dem Restaurant

Kaninchenkeule gefüllt

con salsa di basilico

Tortini di ricotta e asparagi

Zutaten für 4 Personen

Ricottatörtchen mit Spargel und Basilikumsauce

- 500 g Ricotta
- 300 g Spargel
- 3 Eier
- 50 g Parmesan
- Salz, Pfeffer

Die Eier mit dem Ricotta und dem in Stückchen geschnittenen Spargel durchmischen. Dann den geriebenen Parmesan hinzufügen und mit Salz und Pfeffer abschmecken. In kleine, kegelförmige Metallförmchen füllen und im Ofen bei ca. 200° C ca. 15 Minuten backen.

für die Sauce

- 100 g Spargel
- 50 g Basilikumblätter
- 30 g Petersilie
- 200 ml Olivenöl extra vergine

Die Zutaten in einem Mixer zu einer homogenen Masse durchrühren.

Ricottatörtchen mit der Sauce auf den Tellern anrichten.

con pistaccio e tartufo nero

Cosci di coniglio ripieni

Zutaten für 6 Personen

Kaninchenkeule gefüllt mit Pistazien und schwarzen Trüffeln

- 6 Kaninchenkeulen
- 1 Fl Rotwein
- 24 Wacholderbeeren
- ganzer, schwarzer Pfeffer
- Salz
- 6 Lorbeerblätter
- 1 Fl Weißwein
- 1/4 l Fleischbrühe

Die Kaninchenkeulen ausbeinen, würzen und für 4 Stunden in eine Marinade aus Rotwein, Wacholderbeeren, Pfefferkörnern und Lorbeerblättern legen. Die Keulen aus der Marinade nehmen, mit der Farce füllen und zunähen. Die Keulen in einem Topf mit etwas Olivenöl goldbraun anbraten, dann das Öl abgießen und Weißwein und Brühe zugeben. Bei schwacher Hitze 25 - 30 Minuten schmoren. Die Keulen in Scheiben schneiden und mit dem eigenen Sud servieren. Dazu frisches oder gedämpftes Gemüse reichen.

für die Füllung

- 80 g Rindfleisch
- 80 g Hähnchenbrust
- 80 g Kalbfleisch
- 80 g Schweinefleisch
- 2 Eiweiß
- 50 g Schmalz
- 10 g Pistazien
- 20 g schwarze Trüffel
- 100 ml Portwein

Für die Füllung die verschiedenen Fleischsorten kleinhacken, dann in einer Küchenmaschine mit dem Eiweiß, dem Schmalz, den Pistazien und den in Portwein blanchierten Trüffeln durchmischen, sodaß eine homogene Masse entsteht.

Tortini di ricotta e asparagi
con salsa di basilico

Ricottatörtchen mit Spargel und Basilikumsauce

Zutaten für 4 Personen

- 500 g Ricotta
- 300 g Spargel
- 3 Eier
- 50 g Parmesan
- Salz, Pfeffer

für die Sauce

- 100 g Spargel
- 50 g Basilikumblätter
- 30 g Petersilie
- 200 ml Olivenöl extra vergine

Die Eier mit dem Ricotta und dem in Stückchen geschnittenen Spargel durchmischen. Dann den geriebenen Parmesan hinzufügen und mit Salz und Pfeffer abschmecken. In kleine, kegelförmige Metallförmchen füllen und im Ofen bei ca. 200° C ca. 15 Minuten backen.

Die Zutaten in einem Mixer zu einer homogenen Masse durchrühren.

Ricottatörtchen mit der Sauce auf den Tellern anrichten.

Cosci di coniglio ripieni
con pistaccio e tartufo nero

Kaninchenkeule gefüllt mit Pistazien und schwarzen Trüffeln

Zutaten für 6 Personen

- 6 Kaninchenkeulen
- 1 Fl Rotwein
- 24 Wacholderbeeren
- ganzer, schwarzer Pfeffer
- Salz
- 6 Lorbeerblätter
- 1 Fl Weißwein
- 1/4 l Fleischbrühe

für die Füllung

- 80 g Rindfleisch
- 80 g Hähnchenbrust
- 80 g Kalbfleisch
- 80 g Schweinefleisch
- 2 Eiweiß
- 50 g Schmalz
- 10 g Pistazien
- 20 g schwarze Trüffel
- 100 ml Portwein

Die Kaninchenkeulen ausbeinen, würzen und für 4 Stunden in eine Marinade aus Rotwein, Wacholderbeeren, Pfefferkörnern und Lorbeerblättern legen. Die Keulen aus der Marinade nehmen, mit der Farce füllen und zunähen. Die Keulen in einem Topf mit etwas Olivenöl goldbraun anbraten, dann das Öl abgießen und Weißwein und Brühe zugeben. Bei schwacher Hitze 25 - 30 Minuten schmoren. Die Keulen in Scheiben schneiden und mit dem eigenen Saft servieren. Dazu frisches oder gedämpftes Gemüse reichen.

Für die Füllung die verschiedenen Fleischsorten kleinhacken, dann in einer Küchenmaschine mit dem Eiweiß, dem Schmalz, den Pistazien und den in Portwein blanchierten Trüffeln durchmischen, sodaß eine homogene Masse entsteht.

ANTICA

Siena
Borgo Pretale

Eine Insel im Grünen. Wenige Kilometer südwestlich von Siena liegt das Albergo Borgo Pretale. Aus einem mittelalterlichen Turm und umliegendem Gehöft wurde eine umfangreiche Anlage geschaffen.
Hier kann man einmal abschalten, faulenzen oder sporteln und eine Erholungspause einlegen, um die Eindrücke der letzten Tage in Ruhe zu verarbeiten.
Schwimmen, Bogenschießen, Waldwanderung oder Tennis, dazu ein Putting Green und eine Driving Range werden geboten.

Albergo Borgo Pretale

53018 Sovicille, Siena

Tel. 00 39 05 77 34 54 01

Fax 00 39 05 77 34 56 25

Öffnungszeiten: immer

Preise: 320 DM (DZ)

Parken: vor dem Haus

Golf: Putting Green und Driving Range oder Castel Falfi bei San Gimigniano

RISTORANTE
il David
334

La Loggia
Firenze

Ristorante La Loggia

Pizzale Michelangelo 1

50125 Firenze

Tel. 00 39 05 52 34 28 32

Fax 00 39 05 52 34 52 88

Öffnungszeiten:

Montag und 14 Tage im August geschlossen

Preise: 20 bis 30 DM

Parken: neben dem Haus, sicher

Lage, Lage, Lage ... An sich wollten wir Florenz, genau wie Rom, ganz herauslassen, aber das La Loggia liegt sensationell schön, mit Blick von oben auf die Dächer der Stadt und einem perfekten Parkplatz direkt neben dem Restaurant. Das Essen ist recht gut und der Weinkeller besuchenswert.

Der Bau zeigt klassizistische Architektur, pompös wie ein Provinzstadttheater der Jahrhundertwende.

Gefüllte Kalbsschnitzel mit Taleggio

Scaloppina di vitello con Taleggio

Zutaten für 4 Personen	Gefüllte Kalbsschnitzel mit Taleggio
4 Kalbsschnitzel à 300 g	*Die Zucchini und die Karotten in Streifen schneiden und in einer Pfanne mit Olivenöl schwenken. In jedes Schnitzel eine Tasche schneiden und mit Karotten- und Zucchinistreifen füllen. Ein paar Streifen von dem Taleggio hinzufügen. Mit Salz und Pfeffer würzen und mit einem Faden zunähen. Die gefüllten Schnitzel in einer Pfanne mit Butter und Olivenöl von beiden Seiten goldbraun anbraten. Dann mit Cognac flambieren.*
100 g Taleggio	
2 Karotten	
2 Zucchini	
50 g Butter	
4 EL Olivenöl	
4 EL Cognac	
Salz, Pfeffer	*Als Beilage gratinierte Kartoffeln und sautiertes Gemüse servieren.*

Scaloppina di vitello con Taleggio

Gefüllte Kalbsschnitzel mit Taleggio

Zutaten für 4 Personen

- **4 Kalbsschnitzel à 300 g**
- **100 g Taleggio**
- **2 Karotten**
- **2 Zucchini**
- **50 g Butter**
- **4 EL Olivenöl**
- **4 EL Cognac**
- **Salz, Pfeffer**

Die Zucchini und die Karotten in Streifen schneiden und in einer Pfanne mit Olivenöl schwenken. In jedes Schnitzel eine Tasche schneiden und mit Karotten- und Zucchinistreifen füllen. Ein paar Streifen von dem Taleggio hinzufügen. Mit Salz und Pfeffer würzen und mit einem Faden zunähen. Die gefüllten Schnitzel in einer Pfanne mit Butter und Olivenöl von beiden Seiten goldbraun anbraten. Dann mit Cognac flambieren.

Als Beilage gratinierte Kartoffeln und sautiertes Gemüse servieren.

M-M

28

L´Uovo di Colombo
Vaglia

Die Mille führt von Florenz nach Bologna über die Pässe Futa und Raticosa. Sie, die Sie Zeit haben, achten ca. 10 km hinter Florenz im Örtchen Vaglia auf ein kleines Zeichen: L'Uovo di Colombo, biegen dort links ab und auf den Parkplatz. Valerio Casciarri und Sandra Attosti betreiben diese Trattoria von Gottes Gnaden. Ein hoher, großer Raum mit alter Thekenbar, Holzdecke, an einer Seite drei Vorkriegsautos, Motorräder, alte Ölpötte und reichlich Autodeko. Valerio macht den Service, ein äußerst charmanter Herr und großer Mille-Liebhaber. Sandra kocht köstliche lokale Gerichte, darunter Brunelleschо, genannt nach dem Architekten der Florentiner Domkuppel, deren Ziegel in einer Ziegelei nebenan gebrannt wurden. Dabei entstand, quasi als Nebenprodukt, das nach B. benannte Gericht.

Trattoria L'Uovo di Colombo

Via Bolognese 39 int.

50030 Vaglia

Tel. 00 39 0 55 40 75 39

Öffnungszeiten:

Montag geschlossen

Preise: 15 bis 25 DM

Parken: neben dem Haus, sicher

Francesina

Brunelleschо

Francesina

Zutaten für 4 Personen	Francesina
800 g Kalbshaxenfleisch 800 g rote Zwiebeln 1 kg geschälte Tomaten Olivenöl Salz Pfeffer	*Das Fleisch am Stück ca. 60 Minuten kochen und in nicht zu kleine Stücke schneiden. Zwiebeln in Scheiben schneiden, in Olivenöl anbräunen. Wenn die Zwiebeln goldbraun sind, das Fleisch zufügen, abschmecken und das Garen fortsetzen. Nach 15 Minuten die Tomaten zufügen und noch 15 Minuten garen. Mit beliebigen Beilagen servieren.*

Brunellescho

Zutaten für 4 Personen	Brunellescho
800 g Kalbshaxenfleisch 30 g Knoblauch 1 Fl Sangiovese 500 g geschälte Tomaten Salz viel Pfeffer	*Das Fleisch in Stücke schneiden und in einen Topf mit fein gehacktem Knoblauch, Salz, viel Pfeffer und Tomaten geben. Kein Öl. Alles mit kaltem Wasser bedecken und bei sehr milder Hitze köcheln lassen. Nach ca. 45 Minuten den Wein zufügen und noch ca. 30 Minuten fertiggaren. Auf einer gerösteten und mit Knoblauch eingeriebenen Brotscheibe servieren.*

Francesina

Zutaten für 4 Personen

- 800 g Kalbshaxenfleisch
- 800 g rote Zwiebeln
- 1 kg geschälte Tomaten
- Olivenöl
- Salz
- Pfeffer

Francesina

Das Fleisch am Stück ca. 60 Minuten kochen und in nicht zu kleine Stücke schneiden. Zwiebeln in Scheiben schneiden, in Olivenöl anbräunen. Wenn die Zwiebeln goldbraun sind, das Fleisch zufügen, abschmecken und das Garen fortsetzen. Nach 15 Minuten die Tomaten zufügen und noch 15 Minuten garen. Mit beliebigen Beilagen servieren.

Brunelleschо

Zutaten für 4 Personen

- 800 g Kalbshaxenfleisch
- 30 g Knoblauch
- 1 Fl Sangiovese
- 500 g geschälte Tomaten
- Salz
- viel Pfeffer

Brunelleschо

Das Fleisch in Stücke schneiden und in einen Topf mit fein gehacktem Knoblauch, Salz, viel Pfeffer und Tomaten geben. Kein Öl. Alles mit kaltem Wasser bedecken und bei sehr milder Hitze köcheln lassen. Nach ca. 45 Minuten den Wein zufügen und noch ca. 30 Minuten fertiggaren. Auf einer gerösteten und mit Knoblauch eingeriebenen Brotscheibe servieren.

L'UOVO DI COLOMBO
TRATTORIA

0-24
LA CINA

LOMBARDIA
BRESCIA
Hotel Vittoria
Ristorante La Piazetta
VENETO
LUGANA
CREMONA
Verdi
PARMA
REGGIO EMILIA Albergo Notarie
MODENA Hotel Canalgrande
Ristorante Fini
Risto. Gargantua & Pantagruel
PUIANELLO
Albergo Casa Matilde
CAVRIAGO
Ristorante Picci
SCANDIANO
Ristorante Al Portone
BOLOGNA
EMILIA-
ROMAGNA
MORTADELLA
0
50KM

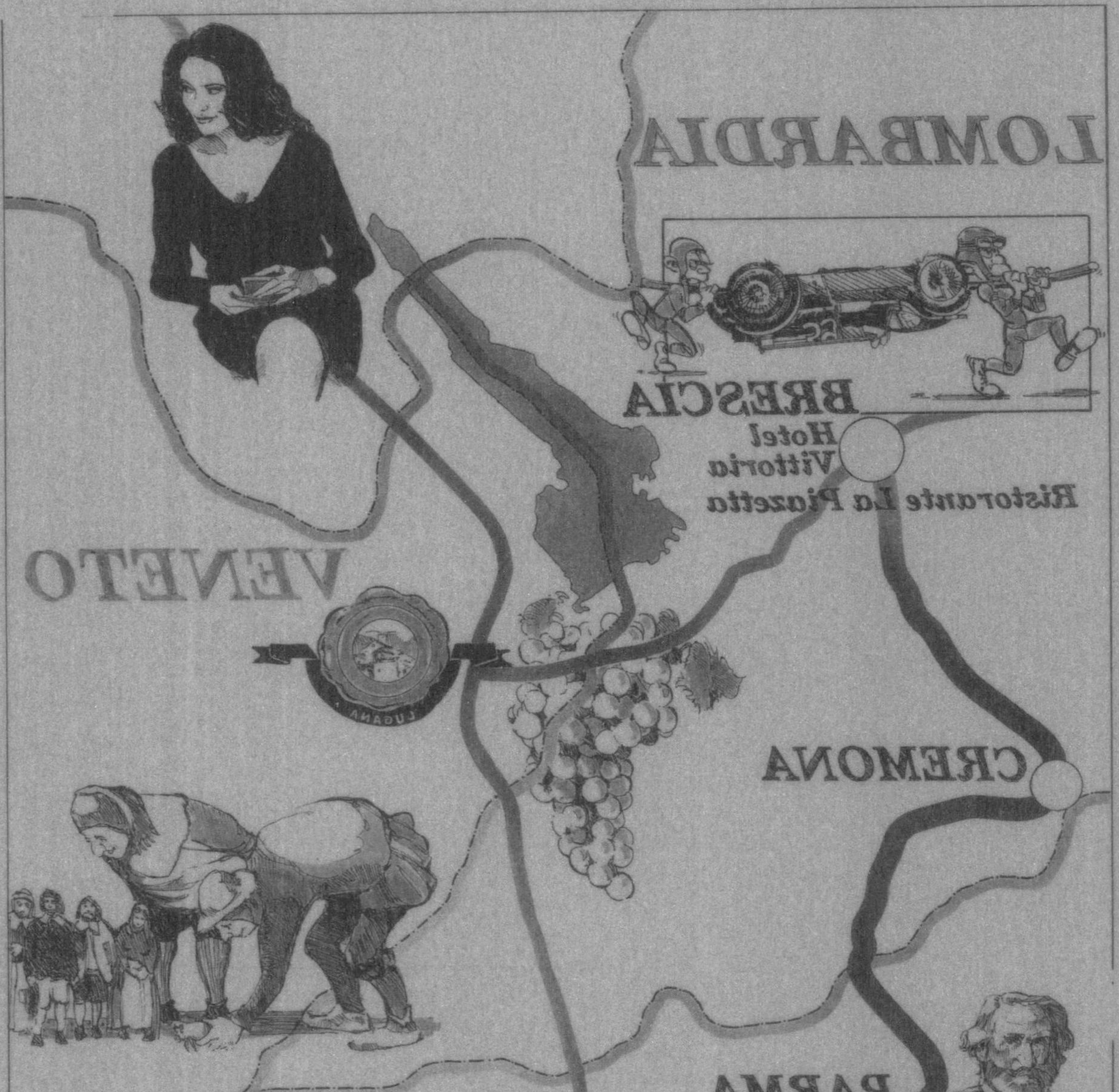

Canalgrande
Modena

Der dritte Tag der Mille neigt sich dem Ende zu. Nach den Paßfahrten über den Futa und dann den Raticosa und der Fahrt durch Bologna sind wir in Modena angelangt, und damit wieder in der Emilia Romagna. Das Hotel Canalgrande liegt am gleichnamigen Gewässer und ist leicht verstaubt, plüschig und charmant. Im alten Palast der Marchesi Schedoni gelegen, bietet es üppige Aufenthaltsräume mit Fresken, Stuck und Ölgemälden der lokalen Potentaten des 17./18. Jahrhunderts. Kaufen Sie mehr Panteras, dann kann der Eigentümer, Alessandro De Tomaso, auch mal renovieren.

Modena selbst sollte erlaufen werden, ein kleines Mailand mit schicken Geschäften und ohne Tourismus!

Hotel Canalgrande

Corso Canalgrande 6

41100 Modena

Tel. 00 39 0 59 21 71 60

Fax 00 39 0 59 22 16 74

Preise: 220 bis 350 DM

Öffnungszeiten: immer

Parken:

Garage und vor dem Haus

Golf: in 10 km Entfernung

Golf & Country Club

Gargantua e Pantagruel
Modena

Ungewöhnlich wie der Name ist auch die creativste Küche von Modena. G&P waren zwei Riesen, die Hauptfiguren in einer Serie von Novellen von Rabelais, die sich unter anderem durch größten Appetit auszeichneten. Rita Carino kocht ungewöhnliche Gerichte, und Sie sollten sich unbedingt von ihr beraten lassen, bevor Sie bestellen. Das Restaurant ist recht klein und liegt in einer Sackgasse, man läuft erst einmal daran vorbei. Die Chefin macht auch mittags für 6 Personen extra auf, falls man sich vorher telefonisch anmeldet. Am besten läuft man vom Hotel hierher. Falls Sie mit dem Wagen kommen - abends ist auf der Straße Canal Chiaro immer Platz.

Gnocchi-Soufflé

Ristorante Gargantua e Pantagruel

Vicolo Frassone 10

41100 Modena

Tel. 00 39 0 59 23 80 80

Fax 00 39 0 59 24 27 85

Preise: 25 bis 40 DM

Öffnungszeiten:

Sonntag geschlossen,

sonst nur abends geöffnet

Parken: Canal Chiaro

Perlhuhn in „Carpione"

Gnocchi-Soufflé *alla provola affumicata*

Zutaten für 8 Personen

Gnocchi-Soufflé mit geräuchertem Scamorzakäse

- 200 g Mehl
- 400 ml Wasser
- 100 g Butter
- 8 ganze Eier
- Salz
- geräucherter Scamorzakäse

Das Wasser bis zum Siedepunkt erhitzen. Salz und Butter zufügen. Sobald die Butter geschmolzen ist, das ganze Mehl in den Topf geben und kräftig rühren, bis die Masse homogen und kompakt ist. Noch einige Minuten köcheln lassen. Von der Platte nehmen und lauwarm werden lassen. Dann der Reihe nach die 8 Eier zufügen und vermengen.

Mit Hilfe von zwei Kaffeelöffeln oder einem Spritzbeutel mit glatter Düse die Gnocchi formen und wenige auf einmal direkt in Salzwasser kochen. Sie sind gar, wenn sie an die Oberfläche kommen.

Die Gnocchi mit flüssiger Bechamelle-Sauce vermischen, in eine Auflaufform geben, mit Scheiben geräuchertem Scamorzakäse bedecken und überbacken.

Faraona in carpione

Zutaten für 8 Personen

Perlhuhn in „Carpione"

- 1 Perlhuhn
- 300 g Karotten
- 300 g Zwiebeln
- 300 g Sellerie
- 50 g Rosinen
- 50 g Pinienkerne
- 1 Glas weißer Essig
- 30 g Zucker
- 200 g Gemüsebrühe
- 50 g Olivenöl
- ein paar Lorbeerblätter
- Salz und Pfeffer

Das Perlhuhn in 4 Stücke teilen und mit Salz und Pfeffer würzen und in dem Olivenöl rundherum anbraten. Die feingewürfelten Gemüse, ein paar Lorbeerblätter, den Zucker, die in Wasser eingeweichten Rosinen und die Pinienkerne zufügen und gut vermischen.

Ca. 15 - 20 Minuten garen. Dann den Essig übergießen und verdampfen lassen. Die Gemüsebrühe dazugeben und eine weitere Stunde bei milder Hitze garen und anschließend abkühlen lassen.

Das Perlhuhn enthäuten, entbeinen und in kleinere Stücke teilen, dann mit dem Gemüse und dem Sud vermischen.

Das Gericht kann warm, lauwarm oder kalt serviert werden. Man kann es bis zu 8 Tage im Kühlschrank ziehen lassen. Dann schmeckt es sogar noch besser.

Gnocchi-Soufflé alla provola affumicata

Gnocchi-Soufflé mit geräuchertem Scamorzakäse

Zutaten für 8 Personen

- **200 g Mehl**
- **400 ml Wasser**
- **100 g Butter**
- **8 ganze Eier**
- **Salz**
- **geräucherter Scamorzakäse**

Das Wasser bis zum Siedepunkt erhitzen. Salz und Butter zufügen. Sobald die Butter geschmolzen ist, das ganze Mehl in den Topf geben und kräftig rühren, bis die Masse homogen und kompakt ist. Noch einige Minuten köcheln lassen. Von der Platte nehmen und lauwarm werden lassen. Dann der Reihe nach die 8 Eier zufügen und vermengen. Mit Hilfe von zwei Kaffeelöffeln oder einem Spritzbeutel mit glatter Düse die Gnocchi formen und wenige auf einmal direkt in Salzwasser kochen. Sie sind gar, wenn sie an die Oberfläche kommen.

Die Gnocchi mit flüssiger Bechamelle-Sauce vermischen, in eine Auflaufform geben, mit Scheiben geräuchertem Scamorzakäse bedecken und überbacken.

Faraona in carpione

Perlhuhn in „Carpione"

Zutaten für 8 Personen

- **1 Perlhuhn**
- **300 g Karotten**
- **300 g Zwiebeln**
- **300 g Sellerie**
- **50 g Rosinen**
- **50 g Pinienkerne**
- **1 Glas weißer Essig**
- **30 g Zucker**
- **200 g Gemüsebrühe**
- **50 g Olivenöl**
- **ein paar Lorbeerblätter**
- **Salz und Pfeffer**

Das Perlhuhn in 4 Stücke teilen und mit Salz und Pfeffer würzen und in dem Olivenöl rundherum anbraten. Die feingewürfelten Gemüse, ein paar Lorbeerblätter, den Zucker, die in Wasser eingeweichten Rosinen und die Pinienkerne zufügen und gut vermischen. Ca. 15 - 20 Minuten garen. Dann den Essig übergießen und verdampfen lassen. Die Gemüsebrühe dazugeben und eine weitere Stunde bei milder Hitze garen und anschließend abkühlen lassen. Das Perlhuhn enthäuten, entbeinen und in kleinere Stücke teilen, dann mit dem Gemüse und dem Sud vermischen. Das Gericht kann warm, lauwarm oder kalt serviert werden. Man kann es bis zu 8 Tage im Kühlschrank ziehen lassen. Dann schmeckt es sogar noch besser.

09
051 MN 69

Fini

Modena

Ein Monument, eine Institution, aber im Gegensatz zu so manch anderen Monumenten nicht festgefahren, sondern beste Modeneser Küche mit allen Schikanen. Exzellenter Service, ein Ambiente der „early sixties" mit Muralien des Kubismus - man muß einfach hin! Die Karte bietet ausschließlich lokale Gerichte und die Weinkarte nur italienische Weine zu moderaten Preisen. Das Bollito ist zwar optisch nicht jedermanns Sache, aber welch ein Genuß! Dazu trinken Sie am besten einen spritzigen Lambrusco.

Mittlerweile sitzt man hier mittags auch mal ohne Krawatte und im Hemd. Es gibt wenig Touristen, dies ist eine Business-Stadt. Ferrari in Maranello, Lamborghini in St. Agata und Maserati und de Tomaso direkt in der Stadt. Hier ist der Nabel der italienischen Sportwagen-industrie.

Ristorante Fini

Rua Frati Minori 54

41100 Modena

Tel. 00 39 0 59 22 33 14

Fax 00 39 0 59 22 02 47

Öffnungszeiten: Montag, Dienstag und 24. - 31.12. und 24.7. - 29.8. geschlossen

Preise: 25 bis 55 DM

Parken: vor dem Haus, bewacht, trotz Verbot von der Ringstraße einfach abbiegen und nach 100 m rechts auf den Parkplatz fahren

Bollito misto

Zutaten für 4 Personen

600 g Rinderbrust
1/2 Huhn
300 g Kalbskopf
1 frischer Schweinsfuß
1 vorgekochte Rinderzunge
1 vorgekochter gefüllter Schweinsfuß
2 Zwiebeln
2 Karotten
2 Stengel Sellerie
1 Tomate
Salz

Gemischtes gekochtes Fleisch

Rind und Huhn:

Das Rindfleisch mit einer angerösteten Zwiebel, einer Karotte, einem Stengel Sellerie und der Tomate ins Salzwasser legen. Bei milder Hitze ca. 90 Minuten sieden lassen.

Dann das Huhn zufügen und noch 90 Minuten köcheln lassen.

Kalbskopf und frischer Schweinsfuß:

Kalbskopf und Schweinsfuß mit der Flamme reinigen. Dann waschen und mit Sellerie, Karotte und Zwiebel in ausreichendem Salzwasser bei milder Hitze ca. 2 Stunden köcheln lassen.

Gefüllter Schweinsfuß und Rinderzunge:

Um die Zubereitung zu erleichtern empfiehlt es sich, vorgekochte Waren zu verwenden.

Die Tüten in kaltes Wasser eintauchen. Das Wasser zum Sieden bringen und ca. 40 Minuten kochen. Die Tüten aus dem Wasser nehmen, aufschneiden, und die Brühe ausrinnen lassen. Den Schweinsfuß und die Rinderzunge herausnehmen, Rinderzunge enthäuten und mit den restlichen Fleischsorten servieren.

Zu diesem Gericht werden Salsa Verde, Zwiebeln in Aceto Balsamico und Senffrüchte aus Cremona gereicht.

Salsa Verde

Zutaten für 4 Personen

1 Bund glatte Petersilie
1 Knoblauchzehe
2 Sardellenfilets
1 EL Kapern
das Innere eines Brötchens
1 kl. vorgekochte Kartoffel
50 g Olivenöl
2 EL Weinessig
Salz

Grüne Sauce

Petersilie, Knoblauch, Sardellenfilets und Kapern ganz fein pürieren. Dann mit dem Weißen vom Brötchen und der zerstampften Kartoffel vermischen. Olivenöl dazugeben und zuletzt den Essig. Mit wenig Salz würzen.

LDA 6
255

Casa Matilde
Puianello

In Reggio verlassen wir die Route der Mille, fahren westlich in Richtung Puianello, dort in Richtung Montecavolo und biegen bei dem Schild Casa Matilde ab in die Via Negri. Es folgen ein Tor und einige steile Schotterserpentinen, dann ist der Gipfel erreicht und damit die Casa Matilde.

Matilde von Canossa, deren mächtige Familie hier ausgedehnte Ländereien besaß, ist die Namenspatronin dieser Barockvilla. Die charmante Emilia und ihr Mann Rino Bertolini mit ihrem Sohn Edoardo bewirtschaften

dieses herrschaftliche Haus. Atemberaubender Blick, völlige Ruhe und Einsamkeit, sieben völlig unterschiedliche Zimmer und üppige Wohnräume lassen höchstes Wohlbefinden aufkommen. Stellen Sie vorher sicher, daß während Ihres geplanten Aufenthaltes gerade keine Hochzeit stattfindet. Wenn man die Patronin lieb bittet, dann kocht sie auch schon mal für ihre Gäste. Wenn nicht, so haben Sie ja das Buch dabei.

Albergo Casa Matilde

Via A. Negri 11

42030 Puianello, 4 Castelle R.E.

Tel. 00 39 05 22 88 90 06

Fax 00 39 05 22 88 90 06

Öffnungszeiten: immer

Preise: 190 bis 350 DM

Parken: vor dem Haus

Golf: Matilda di Canossa in Bartolomeo (Montag geschlossen)

Picci
Cavriago

Im kleinen Ort Cavriago liegt das Ristorante Picci, ein elegantes Plätzchen in einem Ort, in dem man jeden Moment Don Camillo oder Peppone auf dem Fahrrad um die Ecke biegen sieht. Nicht weit von Reggio und nicht weit von Puianello entfernt, erleben Sie bei Picci eine äußerst delikate Küche mit dem Schwerpunkt bei Pilzgerichten und allerlei Zubereitungen mit Aceto Balsamico. Die Emilia ist mit Köstlichkeiten reich gesegnet, Aceto Balsamico di Modena, Prosciutto di Parma und der Parmigiano Reggiano haben diese Gegend weltberühmt gemacht. Trotzdem ist die Emilia bisher vom Massentourismus verschont geblieben. Man kann hier Stunden herumfahren, ohne ein deutsches Nummernschild zu sehen. Ein himmlischer Zustand, den Sie in der Toskana nie erleben werden.

Doch zurück zu Picci. Der Familie gehört eine Acetaia. Hier wird der berühmte Balsamico hergestellt, und Picci senior veranstaltet regelmäßig Balsamico-Seminare mit Verkostung und Beköstigung.

Linsensuppe

Ristorante Picci

Via XX Settembre 4

42025 Cavriago

Tel. 00 39 05 22 37 18 01

Fax 00 39 05 22 57 71 80

Öffnungszeiten: Sonntag abends und Montag geschlossen

Preise: 30 bis 50 DM

Parken: vor dem Haus

Parmesancreme

Zuppa di lenticchie
con porcini, sogliola e gamberi

Linsensuppe mit Steinpilzen, Seezunge und Scampi

Zutaten für 8 Personen

- 3 Seezungen
- 12 Scampi
- 300 g Linsen
- 300 g frische Steinpilze
- 2 l Hühnerbrühe
- 1 Karotte
- 1 Zwiebel
- 1 Sellerie
- Olivenöl
- Salz, Pfeffer

Die Seezungen säubern und filetieren, dann jedes Filet in drei Teile schneiden. Die Scampi schälen, säubern und halbieren. Steinpilze säubern und in Scheiben schneiden.

Die Steinpilze in einer Pfanne in wenig Olivenöl schwenken und abschmecken. Sie sollen goldbraun werden.

Die Linsen mit Karotte, Zwiebel und Sellerie (alle klein gewürfelt) garen.

Die Seezungenfilets und die Scampi für ca. 1 Minute separat dämpfen.

Das Linsengemüse in die Mitte des Suppentellers legen, einen Löffel Steinpilze daraufgeben und ringsherum abwechselnd mit 3 Seezungenstücken und 3 halben Scampi garnieren. Mit der heißen Hühnerbrühe übergießen und servieren.

Crema cotta di parmigiano reggiano
con pere al caramello

Parmesancreme mit Karamelbirnen

Zutaten für 8 Personen

- 150 g Parmesan
- 200 g Zucker
- 1 l Milch
- 7 Eigelb
- 5 Eiweiß
- 4 Birnen

100 g Zucker in der Pfanne erhitzen bis ein flüssiger Karamel entsteht. Damit schnell den Boden von 8 kleinen, eingefetteten Förmchen bedecken. 3/4 l Milch zum Kochen bringen und in die heiße Milch den geriebenen Parmesan einrühren bis eine homogene Masse entstanden ist. Abkühlen lassen. Den restlichen Zucker mit den Eiern sehr schaumig schlagen.

Die geschälten und vorgekochten Birnen durch ein Sieb passieren und mit einer Prise Salz mit der Eiermischung verrühren (etwas Birnenpüree für die Teller beiseitestellen). Die restliche Milch hinzufügen und mit der erkalteten Käsemasse zusammen gleichmäßig verrühren. Die Mischung in die Förmchen gießen und im Wasserbad im Backofen bei 130° C für 45 Minuten erhitzen. Dabei mit gefettetem Pergamentpapier abdecken. Abkühlen lassen, auf einen Spiegel Birnenpüree stürzen und servieren.

Zuppa di lenticchie
con porcini, sogliola e gamberi

Linsensuppe mit Steinpilzen, Seezunge und Scampi

__Zutaten für 8 Personen__

- 3 Seezungen
- 12 Scampi
- 300 g Linsen
- 300 g frische Steinpilze
- 2 l Hühnerbrühe
- 1 Karotte
- 1 Zwiebel
- 1 Sellerie
- Olivenöl
- Salz, Pfeffer

Die Seezungen säubern und filetieren, dann jedes Filet in drei Teile schneiden. Die Scampi schälen, säubern und halbieren. Steinpilze säubern und in Scheiben schneiden.

Die Steinpilze in einer Pfanne in wenig Olivenöl schwenken und abschmecken. Sie sollen goldbraun werden.

Die Linsen mit Karotte, Zwiebel und Sellerie (alle klein gewürfelt) garen.

Die Seezungenfilets und die Scampi für ca. 1 Minute separat dämpfen.

Das Linsengemüse in die Mitte des Suppentellers legen, einen Löffel Steinpilze daraufgeben und ringsherum abwechselnd mit 3 Seezungenstücken und 3 halben Scampi garnieren. Mit der heißen Hühnerbrühe übergießen und servieren.

Crema cotta di parmigiano reggiano
con pere al caramello

Parmesancreme mit Karamelbirnen

__Zutaten für 8 Personen__

- 150 g Parmesan
- 200 g Zucker
- 1 l Milch
- 7 Eigelb
- 5 Eiweiß
- 4 Birnen

100 g Zucker in der Pfanne erhitzen bis ein flüssiger Karamel entsteht. Damit schnell den Boden von 8 kleinen, eingefetteten Förmchen bedecken. 3/4 l Milch zum Kochen bringen und in die heiße Milch den geriebenen Parmesan einrühren bis eine homogene Masse entstanden ist. Abkühlen lassen. Den restlichen Zucker mit den Eiern sehr schaumig schlagen.

Die geschälten und vorgekochten Birnen durch ein Sieb passieren und mit einer Prise Salz mit der Eiermischung verrühren (etwas Birnenpüree für die Teller beiseitestellen). Die restliche Milch hinzufügen und mit der erkalteten Käsemasse zusammen gleichmäßig verrühren. Die Mischung in die Förmchen gießen und im Wasserbad im Backofen bei 130° C für 45 Minuten erhitzen. Dabei mit gefettetem Pergamentpapier abdecken. Abkühlen lassen, auf einen Spiegel Birnenpüree stürzen und servieren.

FIN-ECO
1000 MIGLIA
268

Albergo Notarie

Reggio Emiglia

Hotel Albergo Notarie

Via Palazzolo 5

42100 Reggio Emiglia

Tel. 00 39 05 22 45 35 00

Fax 00 39 05 22 45 37 37

Öffnungszeiten: August geschlossen

Preise: 160 bis 210 DM

Parken: mit Einfahrtschein vor dem Haus

Golf: Matilda di Canossa in San Bartolomeo (Montag geschlossen)

Im historischen Zentrum von Reggio liegt das Hotel Notarie, ein elegantes Stadthaus in einem Gebäude aus dem 16. Jh. Das Hotel bietet 26 schöne Zimmer und ein kleines Restaurant. Lassen Sie sich nicht von einigen Straßennamen erschrecken. Reggio ist die Keimzelle der italienischen Variante des Kommunismus. Hier hängt man an Lenin, Castro und Genossen, obwohl doch beinahe alle endlich Schnee von gestern sind. Dennoch eine schöne und sehenswerte alte Stadt.

Al Portone
Scandiano

Haben Sie auf dieser Reise schon Lambrusco getrunken? Wenn nicht, dann tun Sie es jetzt. Ein traubiger, lebendiger und moussierender Wein, der zu den üppigen Gerichten der hiesigen Küche blendend paßt.

Am letzten Abend unserer kulinarisch-automobilen Reise kehren wir im Al Portone in Scandiano ein. Paola Prati führt das Zepter in der Küche, die Tochter serviert, und der Ehemann berät den Gast. Es gibt natürlich keine Karte und nur lokale Gerichte. Da alles schmeckt, bestellen Sie doch einmal blind und lassen sich überraschen!

Das Restaurant liegt an einem kleinen Platz und ist nur an seinem Messingschild zu erkennen. Im Inneren sitzt man in den schönen, hellen und hohen Räumen eines alten Patrizierhauses.

Rundherum ein köstliches Vergnügen.

Ristorante Al Portone

Piazza Fiume 11

42019 Scandiano

Tel. 00 39 05 22 85 59 85

Preise: 20 bis 30 DM

Öffnungszeiten: Dienstag, August

und 23.12. - 3.1. geschlossen

Parken: vor dem Haus

Kürbis-Tortelli

Tortelli di zucca

Kürbis-Tortelli

Zutaten für 4 Personen

für den Teig
- 350 g Mehl
- 3 Eier

Mehl und Eier gut durchkneten und ruhenlassen.

für die Füllung
- 1000 g gewürfelter, weichgekochter Kürbis
- 15 gehackte Amaretti
- 1 Ei
- Muskatnuß
- Salz
- Pfeffer
- 150 g Parmesan, gerieben
- 100 g Butter

Um die Füllung vorzubereiten, alle Zutaten gut vermischen. Dann den Teig dünn ausrollen und viereckige Stücke (8 x 8 cm) ausschneiden. In die Mitte etwas Füllung legen, und den Teig zu einem Dreieck zusammenfalten.

Die Tortelli in genügend Salzwasser al dente kochen und abtropfen lassen. Dann in einer Suppenschüssel mit geriebenem Parmesan und Butter vermischen und auftragen.

Dolce amore

Süße Liebe

Zutaten für 4 Personen
- 200 g Zucker
- 3 Eier
- 150 g Butter
- 150 g Schokoladenpulver
- Sassolino und Brandy
- 50 g Mandeln
- 12 Löffelbiskuits

Eigelb und 150 g Zucker vermischen, dann unter ständigem Rühren erst die Butter und dann das Schokoladenpulver zufügen. In die Masse je 1/2 Glas Sassolino und Brandy einrühren. Eiweiß zu schnittfestem Schnee schlagen und unterziehen. Die Mandeln blanchieren, enthäuten und rösten. Dann zerstampfen und mit dem restlichen Zucker mischen. Biskuits mit einer Mischung aus Sassolino und Brandy tränken, eine Puddingform damit auskleiden und die Hälfte der Masse hineingießen. Mit dem einen Teil der Mandelmischung bedecken. Darauf die restliche Eiermasse und die Mandelmischung geben. Vor dem Servieren im Kühlschrank 5-6 Stunden kühlen.

Tortelli di zucca

Zutaten für 4 Personen

Kürbis-Tortelli

für den Teig

- 350 g Mehl
- 3 Eier

Mehl und Eier gut durchkneten und ruhenlassen.

für die Füllung

- 1000 g gewürfelter, weichgekochter Kürbis
- 15 gehackte Amaretti
- 1 Ei
- Muskatnuß
- Salz
- Pfeffer
- 150 g Parmesan, gerieben
- 100 g Butter

Um die Füllung vorzubereiten, alle Zutaten gut vermischen. Dann den Teig dünn ausrollen und viereckige Stücke (8 x 8 cm) ausschneiden. In die Mitte etwas Füllung legen, und den Teig zu einem Dreieck zusammenfalten.

Die Tortelli in genügend Salzwasser al dente kochen und abtropfen lassen. Dann in einer Suppenschüssel mit geriebenem Parmesan und Butter vermischen und auftragen.

Dolce amore

Zutaten für 4 Personen

Süße Liebe

- 200 g Zucker
- 3 Eier
- 150 g Butter
- 150 g Schokoladenpulver
- Sassolino und Brandy
- 50 g Mandeln
- 12 Löffelbiskuits

Eigelb und 150 g Zucker vermischen, dann unter ständigem Rühren erst die Butter und dann das Schokoladenpulver zufügen. In die Masse je 1/2 Glas Sassolino und Brandy einrühren. Eiweiß zu schnittfestem Schnee schlagen und unterziehen. Die Mandeln blanchieren, enthäuten und rösten. Dann zerstampfen und mit dem restlichen Zucker mischen. Biskuits mit einer Mischung aus Sassolino und Brandy tränken, eine Puddingform damit auskleiden und die Hälfte der Masse hineingießen. Mit dem einen Teil der Mandelmischung bedecken. Darauf die restliche Eiermasse und die Mandelmischung geben. Vor dem Servieren im Kühlschrank 5-6 Stunden kühlen.

Veni vidi vici! Wer genau aufgepaßt hat, akkurat mit der Stoppuhr war und die wenigsten Strafpunkte gesammelt hat, der wird mit üppigen Pokalen belohnt. Hier haben die Italiener meistens die Nase vorn, nur selten befindet sich unter den ersten 25 ein Ausländer.

Sieg, Niederlage oder Tod, nur diese Chancen kennt das Spiel … schrieb Reinhard Mey für Jochen Rindt, und so war es ja auch bei der Originalausgabe der Mille Miglia. Die historische Neuauflage nimmt sich mehr Zeit zum Genuß, zum Sehen und Gesehenwerden, zum spielerischen Umgang mit den kostbaren alten Gefährten. Mit diesem Buch verbinden wir Rennöl mit Olio Vergine, obenliegende Nockenwellen mit Aceto Balsamico und Speichenräder mit weißen Trüffeln aus Acqualagna zum Fest der Sinne für Genießer.

Bis zum nächsten Jahr im Mai!

Mille Grazie und 1000 Dank all denen,

die geholfen haben, dieses Buch zu realisieren:

Rolf Deppe

Hans-Gerd Karlisch

Nino Livoti

Thomas Maien

Eva C. Meyer

Fritz Richter

Thomas Richter

Rainer Rühl

Giuseppe Saitta

Uschi Sost